2 Tesalonicenses

COMENTARIO NUEVO TESTAMENTO ANDAMIO

2 Tesalonicenses

Un comentario basado en la Biblia Textual (cuarta edición)

David F. Burt

COMENTARIO NUEVO TESTAMENTO ANDAMIO

Índice

RECONOCIMIENTOS

La producción de este libro no habría sido posible sin la fiel ayuda y paciente perseverancia de un equipo de colaboradores.

Nuevamente, debo agradecer la fiel ayuda y paciente perseverancia de mi equipo de colaboradores: Miguel Llop, Joaquín Hernández y Francisco Mira. Solo el Señor sabe las largas horas que han dedicado a la corrección de textos y a la preparación de la edición. A todos ellos, mi más profunda gratitud.

Mención aparte se merece mi amada esposa Margarita. Yo no podría seguir en esta empresa sin su apoyo moral, su paciencia, sus oraciones y sus palabras de ánimo.

Estamos obligados, hermanos, a dar siempre gracias a Dios por vosotros, porque es justo. (2 Tesalonicenses 1:3)

La salutación

2 Tesalonicenses 1:1-2

Capítulo 1

Una segunda carta

Sin duda, la segunda epístola a los tesalonicenses fue escrita por el apóstol Pablo poco después de la primera,[1] allá por el año 51 d. C.[2] Es razonable suponer que los mismos hermanos que llevaron a Tesalónica la primera carta volvieron luego a Pablo (quien, probablemente, seguía aún en Corinto), trayéndole saludos de parte de los tesalonicenses e informándole acerca de su progreso espiritual. En cualquier caso, es obvio que el apóstol recibió de alguna fuente noticias acerca de la iglesia y, aunque en general estas eran muy positivas, se enteró de ciertas situaciones que lo motivaron a escribir rápidamente una segunda carta.

Parece ser que existían todavía entre los tesalonicenses muchas confusiones acerca de las "últimas cosas". En su primera epístola, Pablo ya había abordado el tema del destino de los creyentes fallecidos (4:13-18) y el carácter repentino de la segunda venida de Cristo (5:1-11). Allí también pudimos deducir que algunos de los creyentes,

---

1 Para una buena defensa de la autoría paulina de 2 Tesalonicenses, ver Green, págs. 61-65.

2 Para información acerca de la ciudad de Tesalónica, su evangelización por el equipo misionero de Pablo y la datación de las dos epístolas, ver mi comentario sobre 1 Tesalonicenses, capítulos 1 y 2.

al creer que el retorno de Cristo era inminente, habían abandonado sus empleos para dedicarse a la espera y a la oración, dependiendo de los demás creyentes para su sostenimiento (4:11-12).

Ahora la situación parece haber empeorado. Los que habían dejado el trabajo se negaban a volver a él, por lo cual el apóstol tiene que arremeter con aún más contundencia contra ellos y exigir que la iglesia tome medidas disciplinarias (2 Tesalonicenses 3:6-15). Sin duda, el comportamiento de los recalcitrantes se debía a su convicción de que Jesús volvería inmediatamente.[3] Como consecuencia, Pablo se ve en la necesidad de enseñarles que se tiene que desarrollar un proceso espiritual de maldad e incredulidad (el "misterio de la iniquidad") antes de que Cristo vuelva (2:1-12).

Por otra parte, parece que ha aumentado la persecución que sufrían los creyentes, a pesar de lo cual siguen firmes en la fe y en el testimonio (1:3-5). Por tanto, deben ser animados y consolados. Y, allí también, las últimas cosas proveen el necesario estímulo. El retorno de Cristo significa la vindicación de los fieles y el castigo de los perseguidores (1:6-10).

Así pues, en 2 Tesalonicenses nunca estamos muy lejos del final de la historia de este mundo. La vivencia del presente (la perseverancia de los santos, la represión de los ociosos, la fiel conservación del evangelio) es contemplada siempre a la luz de las cosas que han de venir.

En resumidas cuentas, podemos decir que los propósitos del apóstol al escribir esta segunda carta fueron los siguientes:

- Solidarizarse con los creyentes en medio de su persecución y expresarles su gozo y gratitud al comprobar que se mantenían fieles al Señor.

---

3   *Cf.* Hendriksen, pág. 22: *Algunos abrigaban la idea de que la **repentina** venida del Señor, acerca de la cual Pablo había escrito (1 Tesalonicenses 5:3), implicaba un cumplimiento **inmediato**... El concepto de que del Señor, a ciencia cierta, volvería "en cualquier momento" podría ser un aliciente para que la conducta desordenada de algunos se acentuara aún más;* Ironside, pág. 68: *Algunos creyentes de Tesalónica malinterpretaron la enseñanza dada por el apóstol y sacaron en conclusión que, si el Señor iba a venir en cualquier momento, no valía la pena trabajar ni desarrollar las faenas habituales de cada día.*

- Consolarles fijando su atención en el "ajuste de cuentas" que tendrá lugar cuando Cristo vuelva: sus enemigos serán castigados y ellos mismos serán glorificados.

- Calmar los ánimos de aquellos que viven desordenadamente pensando que el Señor volverá enseguida y explicarles que, antes de su venida, deben ocurrir otros acontecimientos.

- Advertirles en cuanto a falsas enseñanzas que quizás les lleguen a través de cartas supuestamente firmadas por él mismo, pero de hecho espurias (2:2; 3:17).

- Llamarles a permanecer fieles en la fe y a perseverar en las doctrinas que ya han recibido sin dejarse llevar por especulaciones humanas (2:1-2).

- Exhortarles a tomar fuertes medidas disciplinarias contra los que persisten en una vivencia desordenada.

- Solicitar oraciones a favor de Pablo y sus compañeros.

- Encomendarlos a la gracia de Dios para que sean confirmados en la fe, reciban buena esperanza por gracia y crezcan en el amor a Dios y al prójimo.

Contenido y estructura

Hay diferentes maneras en que podemos analizar la estructura de la epístola. Dos me llaman especialmente la atención, ¡pero no sé cuál de ellas preferir! Según la primera, la carta tiene la estructura general de un gran quiasmo. Es decir, su forma muestra la simetría de un número capicúa (ABCBA), con salutaciones y detalles personales al principio y al final, y con la enseñanza doctrinal en el centro:

A. Salutación introductoria: gracia y paz (1:1-2).

B. Consideraciones personales: perseverancia cristiana a la luz de la parusía; consuelo para los angustiados (1:3-12).

C. Doctrinas escatológicas (2:1-12).

B. Consideraciones personales: responsabilidad cristiana a la espera de la parusía; reprensión para los desordenados (2:13-3:15).[4]

A. Salutación de despedida: paz y gracia (3:16-18).

Según la segunda, la estructura consistiría en las habituales salutaciones del principio y el final y, en medio, dos grandes secciones que corren en paralelo y que se subdividen en dos perícopas o párrafos, el primero de los cuales, en cada caso, tiene que ver con la oración de los misioneros, y el segundo con enseñanza y exhortación:

---

4 Airhart, pág. 531, pone los siguientes títulos a estas tres secciones principales: *Estímulo para los perseguidos (1:3-12); instrucciones para los trastornados (2:1-12); disciplina para los desordenados (2:13-3:15).*

Salutación inicial (1:1-2)	
Oración: • Acción de gracias y digresión: la parusía como vindicación (1:3-10): *Debemos dar gracias a Dios siempre por vosotros, hermanos* (1:3). • Intercesión (1:11-12).	**Oración:** • Acción de gracias y digresión: exhortación a firmeza y oración (2:13-3:5): *Nosotros debemos dar siempre gracias a Dios por vosotros, hermanos* (2:13). • Intercesión (2:16-17 y 3:5).
Enseñanza doctrinal: • Escatología: apostasía y Anticristo (2:1-12)	**Enseñanza ética:** • Disciplina a los ociosos a la luz de la enseñanza escatológica (3:6-15).
Salutación final (3:16-18)	

Sea cual sea la estructura que preferimos, el solo hecho de poder proponer estas dos formas de analizar el texto indica que la carta no fue una improvisación rápida, sino el fruto de una larga meditación y discusión entre los tres misioneros. Aunque su contenido responde a las necesidades específicas de la iglesia tesalonicense, se trata de un documento cuidadosamente elaborado.[5]

Aun una lectura rápida de la carta revela que los temas tratados en ella son similares a los de 1 Tesalonicenses. Encontramos las mismas expresiones de gratitud a Dios por los lectores, la misma felicitación por su perseverancia en el camino cristiano, la misma exhortación a la fidelidad aun en medio de la persecución y la misma exposición de la esperanza procedente de la parusía.

---

5 Contrastar Stott, pág. 140: *2 Tesalonicenses... es un documento* ad hoc, *gestionado en respuesta a determinadas circunstancias locales.*

Las diferencias entre las dos cartas se ven en que la segunda, en cuanto a sus enseñanzas doctrinales, sirve para corregir ciertos malentendidos escatológicos causados por la interpretación incorrecta de la primera, mientras que, en cuanto a exigencias éticas, la segunda es más enfática y "severa".[6]

Autores y destinatarios (1:1)

Pablo y Silvano y Timoteo, a la iglesia de los tesalonicenses en Dios nuestro Padre y en el Señor Jesucristo...

Esta epístola lleva las mismas firmas que 1 Tesalonicenses: las de "Pablo, Silvano y Timoteo".[7] Los autores, por tanto, son tres. Sin embargo, podemos dar por buena la idea de que esta carta sea "la segunda epístola *de Pablo* a los tesalonicenses". Sin duda, los tres hablaron entre sí acerca de las cuestiones a tratar antes de empezar su redacción y, seguramente, Silvano y Timoteo quisieron firmarla por estar en total acuerdo con su contenido. Pero Pablo mismo hizo la redacción. Por eso escribe en singular al volver a firmarla al final (3:17).

Estos tres habían sido los primeros a evangelizar Macedonia y habían servido juntos como instrumentos de Dios para la fundación de la iglesia en Tesalónica (ver Hechos 17:1-9). Allí habían sufrido la animosidad de la sinagoga y de las autoridades civiles y, finalmente, habían tenido que huir de la persecución. Habiendo compartido juntos las glorias y las penas de ministrar en la ciudad, era apropiado que firmaran juntos esta epístola.

---

6   Cf. Hogg y Vine, pág. 9: *En general, todo aquello que hemos encontrado en la carta más amplia y que se repite ahora en la más breve, se amplía y se expresa en lenguaje más enfático: comparar 1:2-3 [de 1 Tesalonicenses] con 1:3 [de 2 Tesalonicenses], 1:4 con 2:13, 2:6 con 3:8, 2:12 con 1:5, 5:25 con 3:1, 5:27 con 3:17.*

7   Para más información sobre estos tres, ver mi comentario sobre 1 Tesalonicenses, capítulo 4.

Va dirigida a "la iglesia de los tesalonicenses en Dios", una manera un tanto sorprendente de describir la comunidad (*cf.* 1 Tesalonicenses 1:1).[8] Habríamos esperado que dijera: "la iglesia de Dios en Tesalónica", fórmula empleada en las epístolas a los corintios (*cf.* Filipenses 1:1; Colosenses 1:1). Pero la verdad es que todo creyente vive a la vez dos realidades: es ciudadano de una población terrenal (en este caso, Tesalónica) y también (y principalmente) de una patria celestial (Filipenses 3:20); se encuentra en algún lugar en este mundo, pero asimismo está sentado con Cristo en los lugares celestiales (Efesios 2:6); su identidad se deriva parcialmente de su ubicación geográfica ("los tesalonicenses"), pero la gran realidad que define quién es consiste en su identidad espiritual ("en Dios"). Los primeros lectores eran cristianos que vivían en Tesalónica, pero supremamente eran tesalonicenses que vivían "en el Señor".

En realidad, la única diferencia entre este versículo y 1 Tesalonicenses 1:1 consiste en la adición de la palabra "nuestro": "en Dios *nuestro* Padre".[9] La importancia de esto estriba en que la frase corta, "Dios Padre", empleada en la primera carta, es un tanto ambigua: podría indicar la paternidad divina con respecto *al Hijo*, mientras que la adición de "nuestro" se refiere claramente a su paternidad con respecto a los creyentes. Así, el énfasis recae no sobre el concepto teológico de la divinidad única e indivisible que, sin embargo, se manifiesta tanto en el Padre como en el Hijo, sino sobre el carácter íntimo y personal de la relación filial del creyente con Dios.[10]

Este nuevo matiz resulta especialmente conmovedor en una carta dirigida a creyentes que sufren por su fe. Sugiere que, a pesar de las apariencias, hay un Dios en el cielo que cuida bondadosamente de

---

8   Explica Erdman, pág. 74: *Es decir, todo lo que la iglesia es, todo aquello por lo que existe, todo lo que trata de hacer, está vitalmente relacionado con Dios como Padre divino y con Jesucristo como su Salvador y Señor.*

9   Pablo se refiere a Dios como "nuestro Padre" al principio de varias de sus epístolas: Romanos 1:7; 1 Corintios 1:3; 2 Corintios 1:2; Gálatas 1:3-4; Efesios 1:2; Filipenses 1:2; Colosenses 1:2; 1 Tesalonicenses 1:3; Filemón 3.

10   *Cf.* Morris (1), pág. 130: *Es a Dios en su carácter de Padre de los creyentes a quien se alude aquí, más bien que como Padre del Señor Jesucristo.*

sus hijos y establece que existe entre los escritores y sus lectores un vínculo afectivo inquebrantable: los unos y los otros están unidos por una entrañable relación fraternal al tener un mismo Padre.

Lo cierto es que aun el recién nacido de nuevo tiene la seguridad íntima, dada por el Espíritu, de que es hijo de Dios y tiene un nuevo Padre celestial. Ya hay un impulso dentro de él que le hace clamar "¡Abba, Padre!" (Romanos 8:15). Se puede decir, aun acerca de los creyentes más nuevos ("hijitos"), que "han conocido al Padre" (1 Juan 2:14).

La salutación (1:2)

Gracia a vosotros y paz de Dios Padre y del Señor Jesucristo.[11]

La asamblea tesalonicense, como toda iglesia verdaderamente cristiana, se componía de personas cuya vida se desarrollaba "en Dios". Para ellos, Dios era el principal factor de su existencia. Vivían para hacer su voluntad. Él era su razón de ser. Conocerle a él era su deseo primordial. Todo su ser se centraba en esta única aspiración: pertenecer a Dios, ser santo como él lo es, reflejar la hermosura de su carácter, negarse a sí mismos y seguirle a él. Este enfoque de la vida es el que los distinguía de sus vecinos incrédulos.

Tenían una sola meta. Estaban bajo un solo señorío. Sin embargo, en la experiencia real, esta unicidad se desdoblaba en el conocimiento de dos personas: "Dios nuestro Padre" y "el Señor Jesucristo". Por un lado, estaba el Omnipotente, trascendente, invisible, infinitamente grande y santo; por otro, el Dios-hecho-hombre que había caminado

---

11   En esta segunda referencia a "Dios Padre", algunos manuscritos rezan "Dios *nuestro* Padre", como en el versículo 1. Es difícil determinar cuál es la lectura correcta. Para más detalles, ver Green, pág. 298 (y la nota 1015, pág. 367). La preposición "de" (en griego, *apo*), aunque repetida en nuestra versión, no se repite en el texto original, lo cual sugiere que Jesús y el Padre constituyen una única fuente de bendición divina. *Cf.* Ewert, pág. 1087.

entre nosotros en la tierra, visible, cercano, manso y humilde. Y, sin embargo, estos dos son uno.[12]

Y ahora, estos dos se revelan como la fuente única de las bendiciones de la vida de fe.[13] Tanto el uno como el otro son la fuente de "gracia y paz".[14]

La *gracia* de Dios Padre que nos conduce a la salvación nos fue revelada por medio del Señor Jesús (Juan 1:16-17; Tito 2:11). Igualmente, la paz que Jesús nos concede (Juan 14:27) proviene del Padre. Al principio del camino cristiano, esta es "la paz *ante* Dios mediante nuestro Señor Jesús el Mesías" (Romanos 5:1). En lo sucesivo viene a ser "la paz *de* Dios que sobrepasa todo entendimiento" (Filipenses 4:7). Por medio de la gracia y la paz entramos en el camino de la fe; por medio de ellas también proseguimos a la meta. El apóstol sabe que, sin ellas, sus lectores no la alcanzarán.

Aunque Pablo solía hablar de la gracia y paz de Dios al principio de sus epístolas, esta referencia resulta especialmente significativa en una carta dirigida a creyentes perseguidos:

> *En 2:16, "Dios nuestro Padre" es aquel que "por gracia nos dio consuelo eterno y una buena esperanza". Esta esperanza escatológica, que proviene de la **gracia** divina, es la que permite que los creyentes enfrenten la muerte… Además, la bendición de **paz** al final de la epístola [3:16] expresa el deseo de que el Señor les conceda "su paz*

---

12   *Cf.* Green, pág. 298: *El hecho de que los apóstoles puedan nombrar a ambos como la fuente de estas bendiciones divinas tiene implicaciones cristológicas. El Señor Jesucristo no se concibe como inferior a Dios Padre en esta obra salvadora;* Morris (2), pág. 193: *Las palabras añadidas hacen que la forma más breve de la salutación [en 1 Tesalonicenses 1:1] se conforme con lo que era el saludo habitual de Pablo.*

13   La frase "de Dios Padre y del Señor Jesucristo" es otra expresión que distingue 2 Tesalonicenses de la primera epístola. Aparece en esta (1:1) en algunos manuscritos inferiores y en las traducciones basadas en el *textus receptus* (RV60, RV95), pero no en los mejores manuscritos ni en la mayoría de versiones actuales (BJ, BP, BVA, CI, DHH, LBLA, LP, NC, NVI, RVA). Lo probable es que no saliera de la pluma de Pablo, sino que fuera añadida por alguien para asemejarla al comienzo de la otra epístola. Ver el capítulo 6 de mi comentario a 1 Tesalonicenses.

14   Puntualiza Staab, pág. 71: *Dios Padre es quien concede… todos los dones celestiales… y el Señor Jesús es su mediador.*

siempre y en todas las circunstancias", una alusión a la situación de persecución que los rodeaba… En la faz de toda adversidad, sea en la vida o en la muerte, pueden descansar en la seguridad de recibir "gracia y paz de Dios el Padre y el Señor Jesucristo".[15]

---

15   Green, pág. 298.

La deuda de gratitud de Pablo

2 Tesalonicenses 1:3

Capítulo 2

La gratitud obligatoria (1:3a)

Debemos dar gracias a Dios siempre acerca de vosotros, hermanos, como es digno…

Al empezar sus cartas, Pablo solía seguir siempre el mismo patrón: (1) primero, ponía su propio nombre como autor; (2) luego, establecía a quiénes iban dirigidas; (3) en tercer lugar, daba un saludo; (4) después, unas palabras de aprecio, y (5), finalmente, la expresión de buenos deseos. En el caso de 2 Tesalonicenses, encontramos la firma y el destino de la carta en 1:1, el saludo en 1:2, la acción de gracias en 1:3-10 y los deseos en 1:11-12.

Al comenzar su correspondencia con esta clase de introducción, el apóstol seguía en gran medida las costumbres epistolares del siglo I. Pero no había nada convencional en sus palabras. Lo que era una mera práctica de cortesía en aquel entonces, lo convertía en una expresión vivamente sentida de verdadera gratitud e intercesión a Dios. De hecho, Dios mismo ocupa el centro de la mente del apóstol aun cuando los tesalonicenses son su punto de mira. Todo lo relaciona con el Señor: los tesalonicenses están "en Dios" (1:1); el saludo habitual, "Fulano a Mengano, ¡salud!",[16] se convierte ahora en una pequeña oración solicitando la gracia y paz de Dios (1:2); la apreciación se expresa como una acción de gracias al Señor (1:3); y, por supuesto, la intercesión también se dirige a él (1:11). Dios es el principal factor en toda su comunicación y en todas sus relaciones.

Da gracias por los tesalonicenses en su calidad de "hermanos". Es decir, no les habla desde el pedestal de su apostolado, sino dentro del ámbito de la familia de Dios. Aunque la finalidad de su carta es pastoral, el tono que emplea es fraternal. En casos extremos, estaba dispuesto a emplear las armas potentes de su autoridad apostólica; pero, normalmente, prefería hablar más íntimamente, de tú a tú, entre iguales, consiervos de Dios. Solía dar gracias por sus lectores incluso cuando escribía para corregir deficiencias en ellos:[17] por ejemplo, por los corintios, aunque tuvo que reprenderlos a causa de las facciones y el consentimiento de la inmoralidad que amenazan con destruir la obra de Dios, y aun a sabiendas que algunos cuestionaban su autoridad apostólica (1 Corintios 1:4). ¡Cuánto más, pues, puede dar gracias de todo corazón por los tesalonicenses, que lo aman sinceramente y "siempre tienen buena memoria de él" y están creciendo en fe y amor (1 Tesalonicenses 3:6)! En otros casos, la gratitud de Pablo quizás tenga algo de obligación espiritual,[18] como cuando un padre da gracias por un hijo rebelde, reconociendo que, a pesar de los disgustos que causa en casa, sigue siendo un regalo de Dios y tiene algunas cualidades buenas. Pero, en el caso de los tesalonicenses, la gratitud fluye espontáneamente y sin reticencia alguna.

---

16   Encontramos ejemplos de este saludo simple en Hechos 15:23 y Jacobo 1:1.

17   La notable excepción es la epístola a los Gálatas.

18   Algunos comentaristas pretenden que este es el sentido de nuestro texto: que la acción de gracias era un deber religioso que Pablo tenía que cumplir, aunque en realidad no tenía ganas. Luego, proponen que daba gracias solamente "por vosotros", cuando en la primera carta las había dado "por *todos* vosotros", y deducen que su entusiasmo por los tesalonicenses ha menguado. Pero esta interpretación, además de hilar demasiado fino, choca frontalmente con los sentimientos expresados en las frases siguientes (1:3b-4). Véase Morris (2), pág. 194; Hendriksen, pág. 179: ¡El versículo 3 no debe interpretarse como si el versículo 4 no existiese!

Tanto es así que Pablo considera que la gratitud en cuanto a ellos es una "obligación" y que él mismo sería injusto si no diera gracias por ellos, y eso de una manera continua ("siempre").[19] La expresión de gratitud no es un gesto de generosidad por parte del apóstol, sino un pago ampliamente merecido. El amor y la fe de estos creyentes le imponen esta necesidad.[20]

Este énfasis sobre lo que es justo y lo que forma una obligación espiritual es crucial en la comprensión de las motivaciones del apóstol en su ministerio. Actuaba siempre "constreñido por el amor" (2 Corintios 5:14). Puesto que el Señor le había mostrado un amor inmenso e inmerecido, se sentía "endeudado", y la única manera en que podía corresponder al amor recibido y ayudar a saldar la deuda era por medio de la fidelidad en el ministerio que Dios le había dado. Por eso puede escribir a los romanos: *Por medio [del evangelio de Dios] recibimos la gracia y el apostolado, para obediencia de la fe entre todos los gentiles... Deudor soy a los griegos y también a los bárbaros* (Romanos 1:5, 14). No debía nada directamente a los paganos, pero aquel llamamiento misericordioso de Dios por el cual fue constituido apóstol a los gentiles le hacía estar "en deuda" con ellos.

El amor crea obligaciones. Recibir acciones y expresiones de amor y no sentir ninguna obligación hacia la persona que te las ofrece es pecar de ingratitud y egocentrismo. Tal era el cariño que el apóstol había recibido de los tesalonicenses, que el tiempo que pasaba en oración por ellos era lo mínimo que podía hacer como respuesta.

¿Y nosotros? Sin duda, si nos detenemos para considerarlo, todos somos los beneficiarios de muchas expresiones de cariño y amor fraternal. ¿Nos sentimos endeudados con aquellos que nos aman? ¿Oramos por ellos, dando gracias a Dios? ¿O somos como los incré-

---

19   La traducción "estamos obligados" (BTX3) hace justicia al verbo griego, que tiene el matiz "estar bajo obligación o en deuda". La traducción "debemos" (RV60) es demasiado débil a no ser que la entendamos en su sentido original de "tener una deuda".

20   *Cf.* Hendriksen, pág. 178: *Se sienten impelidos a expresar su gratitud a Dios. No pueden obrar de otro modo. Y la necesidad subjetiva se halla en armonía con la objetiva ["porque es justo"].*

dulos, estando tan absorbidos por nuestro egoísmo que, sin darnos cuenta de ello, practicamos la ingratitud? En 1 Tesalonicenses 5:18, se nos exhorta a "dar gracias en todo, porque esta es la voluntad de Dios para vosotros". Si la gratitud es nuestra obligación "en todo", ¡cuánto más en aquellos momentos en que somos conscientes de ser objetos del amor de nuestros hermanos!

¡Y otra consideración! ¿Actuamos de tal manera hacia aquellos que nos presiden en el Señor, que ellos se sienten "endeudados" y, espontáneamente, dan gracias a Dios por nosotros? ¿Les expresamos nuestra solidaridad, aprecio y afecto? ¿O somos como hijos rebeldes, por los cuales han de dar gracias con cierta reticencia?

Fe y amor (1:3b)

> … *pues vuestra fe va creciendo sobremanera, y el amor de cada uno de todos vosotros abunda hacia otros…*

A estas preguntas personales, debemos añadir otra a la luz del ejemplo de Pablo: Cuando damos gracias por nuestros hermanos, ¿cuáles son los factores que nos causan gratitud? Sospecho que nuestra gratitud se centra principalmente en favores o acciones generosas de los cuales nosotros mismos somos los beneficiarios, no en su crecimiento espiritual. Tendemos a pensar que, si mi hermano avanza en el camino cristiano, está muy bien, ¡pero es el Señor quien tendría que estar agradecido, no yo! Sin embargo, el motivo explícito que mueve a Pablo a la acción de gracias no es solamente el amor que él mismo ha recibido de los tesalonicenses, sino principalmente su crecimiento en fe y amor.

Todo depende de cómo estamos enfocando la vida. Si nuestro gran afán es verdaderamente el avance del reino de Dios y su justicia (Mateo 6:33), entonces lo que nos causará más entusiasmo y gratitud es la clara manifestación de aquel reino y aquella justicia en nuestros hermanos. En cambio, si lo que buscamos en la vida es nuestra propia comodidad y felicidad, entonces sentiremos gratitud solo cuando se satisfacen nuestros deseos egocéntricos. El avance del reino nos dejará fríos. Si el evangelio está operando en nosotros de verdad, transformando nuestra mente y nuestras aspiraciones, nos identificaremos con los motivos de gratitud que conmovían a Pablo; o al apóstol Juan cuando dijo: *No tengo mayor gozo que este: oír que mis hijos andan en la verdad* (3 Juan 4). El desarrollo espiritual de nuestros hermanos debería ser el primer motivo de acción de gracias de parte nuestra. De no ser así, es evidente que no tenemos la mente de Cristo.

Además, el crecimiento espiritual y el amor son inseparables. Las muestras de afecto, la preocupación por nuestro bienestar y toda otra manifestación de amor fraternal son la consecuencia de la transformación de nuestros hermanos a la imagen de Cristo. Si su vida está realmente "en Dios" (1:1), si están creciendo en fe y amor, el resultado inevitable será que nosotros mismos experimentaremos cada vez más la gracia de Dios a través de ellos. Por tanto, cuando damos gracias por el crecimiento espiritual de nuestros hermanos, implícitamente damos gracias también por los beneficios que este crecimiento nos reportará a nosotros.

Dicho de otra manera, Pablo podría haber dado gracias por la hospitalidad brindada por Jasón (Hechos 17:7), o por la valentía de los que, a pesar del riesgo de persecución, lo acompañaron a Berea y Atenas (Hechos 17:10, 15), o por otros ejemplos concretos de bendición recibidos durante la estancia de los misioneros en la ciudad. Pero sabe que estas acciones son la manifestación de algo más profundo: la obra de Dios en ellos. Por tanto, dirige su acción de gracias a Dios y centra su gratitud en los valores espirituales que aprecia en sus lectores.

1. Fe

El primero de estos valores es la fe. Como en otros muchos textos, aquí es difícil saber si Pablo está hablando de la fe "objetiva" o "subjetiva". La primera tiene que ver con la enseñanza cristiana, la fe concebida como el cuerpo de doctrinas que configuran el "consejo de Dios".[21] Crecer en fe, en este sentido, es avanzar en la meditación y comprensión de las Escrituras, y en el entendimiento de los propósitos de Dios. La segunda se centra en el desarrollo de nuestra relación con el Señor, la perseverancia a pesar de motivos de desánimo, la creciente confianza en Dios mismo y en su providencia, protección y salvación. Pero, nuevamente, tenemos que decir que no es necesario elegir entre ambos matices. La fe verdadera incluye inevitablemente los dos. Evidentemente, no podemos hablar de "nuestro crecimiento en fe" en el sentido bíblico si no incluimos tanto el avance en el conocimiento bíblico como la maduración en nuestra relación con el Señor. No podemos crecer en la confianza en Dios al margen de la iluminación de su palabra. Y el estudio de las Escrituras es árido e ineficaz si no conduce a un avance en nuestro compromiso de consagración.

Ya, en 1 Tesalonicenses 1:3, Pablo había dado gracias por "la obra de vuestra fe". Ahora expresa su gratitud por cómo sus lectores han avanzado en ella. Pero, en asuntos de fe, siempre queda mucho camino por recorrer. Crecer en fe es un proceso que nunca termina. Por eso mismo, él volverá a insistir en la necesidad de este crecimiento en su intercesión de 1:11. Nunca podemos decir que "ya hemos llegado" en cuanto a nuestra comprensión de las Escrituras ni nuestra profundización en nuestra relación con el Señor. Respecto a la fe, tenemos que "proseguir siempre a la meta".

Por eso mismo, el verbo empleado por el apóstol no es "crecer", sino "hipercrecer", traducido en nuestra versión como "crecer sobremanera". El apóstol comprende que sus lectores ya están avanzando muy bien en el camino de la fe. No solo están creciendo, sino que han dado un gran tirón, avanzando más allá de lo que Pablo había esperado. Por eso da gracias.

---

21   Es probable que Pablo emplee la palabra "fe" con este matiz cuando dice en 1 Tesalonicenses 3:10 que pide al Señor que pueda visitar a sus lectores para "completar lo que falte de vuestra fe", es decir, para ampliar vuestra comprensión de la doctrina cristiana.

Vivimos en una generación que valora la sinceridad. Como consecuencia, solemos aplaudir a la persona que confiesa la mediocridad de su compromiso. Su franqueza nos parece loable. En cambio, miramos con suspicacia a la persona que habla (no con jactancia, sino con toda naturalidad) acerca de lo que está aprendiendo en las Escrituras o de cómo el Señor le está dando victoria sobre determinados pecados o problemas. Sin embargo, aunque la sinceridad es insoslayable, debemos evitar la tendencia a pensar que los fracasados son los verdaderamente espirituales. Es cierto que aun los más santos necesitan confesar sus pecados, y todos somos conscientes de lo lejos que estamos de parecernos a Jesús, pero debemos reconocer que algo anda mal si no hay evidencia en nosotros de progreso en el camino de la fe.

2. Amor
El segundo de los valores mencionados por Pablo es el amor. La fe se dirige a Dios y su palabra. En cambio, el amor que él tiene en mente se dirige a los hermanos. Se trata del "amor de cada uno de todos vosotros hacia otros".

El apóstol no dice explícitamente en qué se nota el crecimiento del amor de los tesalonicenses. Por tanto, cualquier sugerencia nuestra ha de ser un poco especulativa. Sin embargo, como mínimo, podemos aventurar que su amor tiene que haberse manifestado en acciones concretas de solidaridad y ayuda mutua. Alguien puede sentir un gran afecto hacia otro hermano y este sentimiento es sin duda muy importante, pero los demás no pueden enterarse de su afecto a no ser que se exprese en palabras y conducta. Es evidente que algo concreto ocurría entre los tesalonicenses que demostraba a Pablo la autenticidad de su amor. No sabemos exactamente lo que era, pero podemos decir al respecto un par de cosas.

En primer lugar, abundar en amor supone la ausencia de ciertos hechos negativos que hacen que las relaciones fraternales empeoren. Sospechamos, pues, que no existía en la iglesia tesalónica tensiones, facciones, roces, envidias y rivalidades, y eso a pesar de las diferencias raciales y culturales que había entre los miembros. Algunos procedían del judaísmo; otros, del paganismo. Por tanto, algunos conocían bien las Escrituras del Antiguo Testamento, mientras que otros las desconocían por completo. Algunos pocos, especialmente mujeres, pertenecían a la clase "prominente" de la sociedad (Hechos 17:4), pero, sin duda, la gran mayoría eran humildes. Con diferentes niveles educativos y trasfondos raciales, lo fácil habría sido que la iglesia experimentara una polarización en facciones y una disminución del amor fraternal. La realidad, sin embargo, parece ser que las tribulaciones de la persecución, unidas a la obra de la gracia de Dios en sus vidas, habían forjado fuertes vínculos afectivos en la congregación. Se preocupaban sincera y mutuamente por el bienestar material, espiritual, moral y social de los demás.

En 1 Tesalonicenses 3:12, Pablo había pedido que *el Señor os haga que crecer y abundar en el amor unos a otros, y para con todos*. Y más adelante en la misma carta (4:9-10) había dicho: *En cuanto al amor fraternal, no tenéis necesidad de que os escriba, porque vosotros mismos sois enseñados por Dios a amaros los unos a los otros... pero os rogamos, hermanos, que abundéis aún más*. Parece que tanto su oración como su ruego habían sido contestados positivamente. Como consecuencia, se vuelve a Dios con emoción para dar gracias por el crecimiento del amor de sus lectores.[22]

Así pues, la fe de los tesalonicenses "crece" mientas que su amor "abunda". Es interesante observar ciertas diferencias de matiz entre estos dos verbos. "Crecer" indica un avance en profundidad; "abundar", en extensión. Es imposible que alguien sea justificado ante Dios, sellado por el Espíritu e integrado verdaderamente en la iglesia sin que tenga fe. La fe tiene que estar presente desde el primer momento. En una auténtica "iglesia en Dios", todos los miembros son genuinos "creyentes". El verbo que Pablo emplea con respecto a la

---

22   *Cf.* Hogg y Vine, pág. 221: *Dos veces, en la carta anterior, Pablo había exhortado a los creyentes a que asegurasen que el amor abundara entre ellos. Ahora reconoce con gozo la respuesta que han dado a su ruego.*

fe implica un crecimiento orgánico: no es el crecimiento de adquirir cosas nuevas, sino el de ampliar las ya existentes. Por definición, los miembros de la iglesia tesalonicense habían comenzado su andar cristiano creyendo el evangelio. Pero esa fe era como una semilla que, al encontrarse en tierra fértil, estaba creciendo constantemente y produciendo fruto.[23]

En cambio, en el momento de nuestra conversión, muchos de nosotros no somos capaces de amar. Nos hemos adiestrado toda la vida en el egocentrismo y hemos vivido solamente para hacer avanzar nuestros propios intereses. Preocuparnos por los demás y buscar su bienestar es algo nuevo para nosotros, algo que tenemos que adquirir. Por eso, precisamente, recibimos el Espíritu Santo: para fomentar en nosotros el amor que no tenemos por naturaleza (Gálatas 5:22). Suele ocurrir que, solo después de habernos integrado en el pueblo de Dios, el Señor empieza a despertar en nosotros el amor fraternal. Por tanto, Pablo emplea otro verbo, que sugiere crecimiento en extensión. Posiblemente, en el inicio de la iglesia, solo unos cuantos miembros entendieran el concepto del amor fraternal. Unos pocos habían comprendido que la nueva relación con el Padre implicaba un nuevo compromiso con los hermanos y llevaban solos la carga de preocuparse por los demás. Pero, al ir creciendo en la fe, el resto iba adquiriendo y asumiendo la obligación fraternal y, así, el amor de la congregación se extendía y abundaba.

Notemos bien que el lenguaje de Pablo es muy enfático, casi redundante: *el amor de **cada uno de todos** vosotros.* Con haber dicho "cada uno de vosotros" habría sido suficiente. Pero el apóstol quiere subrayar que no da gracias solamente por el amor de unos cuantos hacia algunos de los demás, sino por el de todos para todos. El amor fraternal de los tesalonicenses es practicado por cada uno individualmente.

---

23   Puntualizan Hogg y Vine, pág. 220: *Puesto que la fe es un ejercicio del alma, invisible en sí, pero hecho visible por sus efectos… la firmeza en medio de aflicciones y el servicio abnegado rendido a otros son evidencias de una fe creciente, es decir, viva.*

El que Pablo pueda hablar así nos parece casi inverosímil a la luz de nuestra experiencia de las relaciones eclesiales. Estamos acostumbrados a la idea de que, con el paso del tiempo, el amor fraternal decrece en vez de abundar. ¿No fue esta la situación de la iglesia de Éfeso denunciada en Apocalipsis 2:4: *Tengo contra ti que has dejado tu primer amor?* Si acaso, sentimos afecto hacia algunos miembros de la congregación, los que nos caen bien por compartir los mismos intereses o por proceder del mismo estamento social. La grandeza del amor de los tesalonicenses es que se practicaba sin esta clase de discriminaciones.

Esto es todo un reto para nosotros. ¿Soy yo capaz de amar a todos mis hermanos en Cristo? Considerémoslo bien. Estamos ante una de las marcas fundamentales de una iglesia cristiana: el amor indiscriminado hacia todos los miembros, expresado en sentimientos sinceros y una genuina preocupación por el bienestar global de cada uno de ellos. Muchas veces, nuestra obsesión es que los demás me amen a mí. La implicación de nuestro texto es que, si soy creyente de verdad, mi preocupación será que yo abunde en amor hacia ellos.

Muchas congregaciones, lejos de caracterizarse por la fe y el amor, están carcomidas por facciones, fricciones, confrontaciones, envidias y rivalidades. Cada uno de nosotros debe permitir que Dios extirpe de nosotros toda raíz de amargura. Debemos hacer lo que está en nuestro poder para quitar de en medio nuestro todos estos enemigos del amor fraternal.

Y, positivamente, debemos pedir al Señor que nos capacite para amar cada vez más a todos nuestros hermanos, y que nos dé ojos para ver sus carencias y ayudar a suplirlas. Si somos creyentes de verdad, debemos estar creciendo, avanzando y abundando continuamente: *La senda de los justos es como la luz de la aurora, que va en aumento hasta que el día es perfecto* (Proverbios 4:18).

El orgullo de Pablo

2 Tesalonicenses 1:4-5

Capítulo 3

La paciencia y fe de los Tesalonicenses (1:4)

> *… hasta el punto de nosotros mismos jactarnos respecto a vosotros en las iglesias de Dios, por vuestra paciencia y fe en medio de todas vuestras persecuciones y aflicciones[24] que soportáis…*

Pablo sigue dando gracias por los creyentes de Tesalónica. Ahora les asegura que son motivo de gran satisfacción para él y que, como padre orgulloso que hace alarde de las proezas de sus hijos, se jacta de ellos en sus comunicaciones con otras iglesias.

El "nosotros mismos" es enfático. Nos preguntamos por qué. Según los expertos, se trata de un énfasis de contraste, no de similitud. No es "nosotros mismos, iguales que otros", sino "nosotros mismos, a diferencia de otros".[25] Pero ¿quiénes son estos otros? Es posible que la alusión sea a los enemigos de la iglesia que hablan con desprecio acerca de los creyentes y los marginan socialmente. Lejos de merecer ese trato, dice el apóstol, y a pesar de que sois mayormente personas de extracción humilde, para

---

24   Puntualizan Hogg y Vine, pág. 223: *"Persecuciones" describe las acciones hostiles de otros; "aflicciones", las varias formas de daño al cuerpo y a la mente sufridas por los que son perseguidos.*

25   Véase Hendriksen, pág. 179.

"nosotros mismos" sois motivo de orgullo, lo mejor que hay en la ciudad.

Otros piensan que la frase viene a significar: "Aunque, como fundadores de la iglesia, no tendríamos que jactarnos *nosotros mismos* de vosotros, sin embargo, estamos tan asombrados por la manera en que habéis crecido espiritualmente que no podemos por menos que sentirnos orgullosos de vosotros".

Otra sugerencia, sin embargo, es que Pablo emplea "nosotros mismos" en contraste con "vosotros los tesalonicenses". La idea sería que ellos habían reaccionado ante la alabanza de Pablo en la primera epístola (1:2-10; 2:13-14, 19-20; 3:6-9; 4:9-10) diciendo: "Por favor, no es para tanto. No somos tan buenos ni tan fieles como crees y como dejas entrever en tu carta. Estamos aún muy lejos de parecernos a Jesucristo en nuestro comportamiento. No merecemos que digas cosas tan elogiosas acerca de nosotros". El apóstol, en este caso, estaría diciendo: "De acuerdo, aún no sois perfectos. Pero vuestro sorprendente avance en la fe y el amor es motivo suficiente como para que nosotros, por nuestra parte, podamos discrepar de vuestra autoevaluación y enorgullecernos de vosotros".[26]

En todo caso, los misioneros atestiguan que el crecimiento de los tesalonicenses ha sido motivo de bendición y buen ánimo para ellos y, como consecuencia, se jactan de él ante los demás. Este no es el único caso en los escritos paulinos en que el apóstol emplea el ejemplo de una iglesia para estimular a otra (véase 2 Corintios 8:1-6; 9:2; Filipenses 4:15-16). Aunque, en general, las comparaciones pueden ser odiosas, él comprendía que el fomento de un poco de competitividad entre las congregaciones podía contribuir positivamente a su crecimiento espiritual y avergonzar a los recalcitrantes.

Los foros en los cuales los misioneros hablan tan positivamente acerca de los tesalonicenses son llamados por Pablo "las iglesias de

---

26   *Cf.* Ryrie, pág. 71; Morris (1), pág. 130: *Pablo... había usado algunas expresiones elogiosas en [su primera] carta y es probable que, en comunicaciones posteriores, ellos humildemente hubiesen negado ser dignos de tales alabanzas. Así pues, el apóstol insiste en que sus elogios estaban justificados.*

Dios", es decir, asambleas cuya razón de ser es Dios mismo, y que le pertenecen a él. Es interesante contrastar esta frase con la de 1:1: "la iglesia *en* Dios". Cuando los creyentes somos incorporados en Cristo por medio de la fe, llegamos a ser hijos de Dios, miembros de su familia, su posesión especial. Así, la congregación de los creyentes "*en* Dios" es, a la vez, la iglesia "*de* Dios".

Notemos, de paso, que es obvio que los misioneros siguen manteniendo una estrecha relación con las congregaciones que han ayudado a fundar. No son como algunos evangelistas que hacen visitas relámpago a una ciudad y luego se olvidan de los que han respondido al evangelio. A través de cartas o de segundas y terceras visitas, el apóstol seguía pastoreando a las ovejas que él mismo había introducido en el redil. Esto, por supuesto, formaba parte del precio que tenía que pagar a fin de cumplir fielmente su ministerio: "la solicitud de todas las iglesias" que "se agolpaba cada día sobre él" (2 Corintios 11:28).

¿Y cuáles fueron las causas precisas de la jactancia de los misioneros? Pablo ya ha hablado del crecimiento de los tesalonicenses en "fe y amor" (1:3). Sin duda, estos valores constituían una primera causa de su orgullo. Pero, ahora, en segundo lugar, habla explícitamente de dos características más: su "paciencia y fe".[27]

La **paciencia** es la perseverancia en la fe a lo largo del tiempo y en medio de muchos factores desalentadores. Como tal, se relaciona estrechamente con la esperanza, la fe depositada en el cumplimiento de las promesas de Dios de cara al futuro. Sin esta esperanza, sería difícil sostener nuestra paciencia. Por eso, en la primera carta, Pablo ha hablado de "la paciencia en la esperanza" (1:3). La paciencia no es otra cosa que la capacidad para soportar la prueba manteniendo firme nuestra esperanza y confianza en Dios.

Algunos comentaristas, contrastando la primera carta 1:3 con la segunda 1:3, y observando que, en esta última, Pablo no hace mención

---

27 Dos características, pero tan estrechamente unidas entre sí (llevan un solo adjetivo posesivo) que es correcto entender que la paciencia es el fruto de la fe. Véase Morris (2), pág. 196. *Cf.* Erdman, pág. 77: *La paciencia se relaciona con la fe por ser esta su fuente verdadera.*

explícita de la esperanza, concluyen que los tesalonicenses han perdido su confianza en las promesas futuras del evangelio. Pero esto es hilar demasiado fino, porque la esperanza está implícita en la paciencia, y la paciencia es una de las características por las que Pablo los alaba.[28]

Sin embargo, aunque estos creyentes mantienen la paciencia, conviene que esta sea alimentada constantemente por la reafirmación de la esperanza, por lo cual el apóstol dedicará los versículos siguientes a recordarles en qué consisten las promesas de Dios acerca de los eventos futuros.

Es probable que la **fe** de los tesalonicenses, señalada ahora como otro motivo de orgullo de los misioneros, tenga un matiz diferente al de la fe mencionada en 1:3, porque no se trata de la confianza en Dios en general, sino específicamente de la "fe en medio de todas vuestras persecuciones". De la misma manera que la confianza en Dios nos capacita para vivir fielmente en medio de una sociedad corrompida, y que el amor nos permite comportarnos dignamente en las relaciones fraternales en la iglesia (1:3), solo la fe en Dios, en sus promesas y en su buena providencia puede sostenernos en momentos de aflicción. Y, en medio de mucha persecución y tribulación, la fe de los tesalonicenses y su confianza en la firmeza de la palabra divina no habían fallado. Por eso, Pablo se gloriaba de ellos.

La justicia del juicio de Dios (1:5)

> *… evidencia del justo juicio de Dios, para ser considerados dignos del reino de Dios, por el cual también[29] padecéis…*

El versículo 5 merece y requiere una larga reflexión. A primera vista, parece un contrasentido. Hablando de la paciencia y fe de los

---

28 Además, Pablo hablará de la esperanza que han recibido (y, presumiblemente, que aún retienen) en 2:16.

29 La palabra "también" significa probablemente que ellos, "además de los misioneros", están sufriendo. Véase Leal, pág. 931; Morris (2), pág. 199.

tesalonicenses en medio de la persecución, Pablo afirma que esta situación es "evidencia del justo juicio de Dios". Pero esto choca frontalmente con nuestros criterios humanos. Nosotros pensaríamos que el sufrimiento de los inocentes a manos de los malos es evidencia más bien de la *ausencia* del justo juicio de Dios. Diríamos: "Cuanto más vivo conforme a la voluntad divina, tanto más debería Dios bendecirme, protegerme y vindicarme. La vida cómoda y tranquila del creyente es evidencia de que hay un Dios justo en el cielo, no la vida de sufrimiento".[30] Como consecuencia, tendemos a suponer que Pablo no quiere decir exactamente lo que dice.

¿Y qué es lo que dice? ¿En qué sentido es la situación de persecución "señal evidente del justo juicio de Dios"? La cuestión no es fácil de dilucidar por dos razones: en primer lugar, el sujeto de la "evidencia" podría ser o bien la persecución misma, o bien la fidelidad de los creyentes en medio de la persecución. En segundo lugar, el "juicio justo" podría referirse al juicio final,[31] o bien a la actividad justiciera de Dios en la vida actual.

Algunos interpretan este texto como si se refiriera a la persecución en sí y al juicio final,[32] es decir, como si Pablo dijera: "Vuestra persecución actual a manos de vuestros enemigos es la señal evidente de que, cuando Dios intervenga finalmente en el futuro para castigar a vuestros perseguidores, su juicio será plenamente merecido, totalmente justo; vuestros sufrimientos claman al cielo y, si existe un Dios de justicia, exigen que él actúe para vindicaros; vuestra aflicción presente reclama una retribución futura".[33] Esta interpretación es fácil de entender y está en plena consonancia con el conjunto de

---

30 *Cf.* Morris (1), págs. 132-133: *Las persecuciones y tribulaciones que los tesalonicenses han estado sufriendo parecen a primera vista negar, más bien que demostrar, el justo juicio de Dios.*

31 Véase Hendriksen, pág. 181.

32 Como quieren Fickett, pág. 125; Green, pág. 304; Jamieson, Fausset y Brown, pág. 544.

33 Ver, por ejemplo, Fickett, pág. 125; Leal, pág. 930: *El hecho de que haya justos perseguidos y perseguidores indemnes en este mundo es prueba cierta de un futuro juicio justo de Dios.*

la enseñanza bíblica. Además, enlaza bien con los versículos 6 a 10 (de hecho, el versículo 6 dice prácticamente lo mismo). Sin embargo, no se relaciona fácilmente con la segunda parte del 5, es decir, con la idea de que la finalidad del justo juicio de Dios sea revelar que los creyentes son dignos del reino.

Por eso, la gran mayoría de comentaristas actuales opina que el apóstol está hablando de la fidelidad de los creyentes[34] y del "juicio" presente que Dios lleva a cabo en ellos por medio de la persecución y otras aflicciones: "Vuestra paciencia y fe en medio de tribulaciones son señales evidentes de que las medidas justicieras que Dios está tomando en vuestras vidas son justas, por cuanto están poniendo de manifiesto que sois dignos del reino de Dios".

Esencialmente, Pablo está diciendo lo mismo que Pedro cuando este afirma que es necesario que "el juicio comience por la casa de Dios" (1 Pedro 4:17). El sufrimiento permitido por Dios no solamente es o será el futuro castigo de los malos, sino también el instrumento actual de corrección y santificación de los justos. El juicio de Dios cae como retribución sobre los impíos (1:6-8), pero como medio de purificación de los creyentes. Dios es nuestro Padre (1:1), un Dios de gracia y paz (1:2) cuyos propósitos para sus hijos siempre son de bondad (1:11), pero también es un Dios cuyo amor de Padre lo lleva no solamente a bendecir a sus hijos, sino también a corregirlos y a castigarlos. Así, él ejerce juicio sobre nosotros por medio de las tribulaciones presentes y, de esta manera, nos va purificando y preparando para el reino.

Debemos recordar que las Escrituras nos enseñan que las aflicciones cumplen propósitos importantes de Dios en la vida de sus hijos. Algunos de estos propósitos se pueden resumir en los siguientes principios:

---

34   Los siguientes autores entienden la frase en este segundo sentido: Airhart, pág. 533; Erdman, pág. 77; Hendriksen, pág. 181; Hogg y Vine, pág. 223; Leal, pág. 930; Morris (1), pág. 133; (2), pág. 198; Ryrie, pág. 73; Stevens, pág. 512.

1. El sufrimiento es una parte normal de la vida cristiana (1 Tesalonicenses 3:3-4), de manera que es cuestionable que la persona que no sufre sea creyente de verdad (Hebreos 12:5-8).
2. La razón por la que somos llamados a sufrir es porque el sufrimiento es instrumento en manos de Dios para nuestra corrección y maduración, y así nos prepara para el reino (Hebreos 12:9-11).[35]
3. El creyente que permanece fiel a pesar del sufrimiento es una demostración viva no solo del poder de Dios para sostenerlo, sino también de la eficacia del justo juicio divino.
4. El sufrimiento del creyente es solamente temporal, mientras que el del incrédulo es eterno.
5. El sufrimiento del creyente hay que entenderlo a la luz del "ajuste de cuentas" del juicio final.

En nuestro texto, Pablo se centra en el tercero de estos principios. Veamos. Los tesalonicenses estaban sufriendo a causa del reino: "el reino de Dios, por el cual también padecéis".[36] Pablo podría haber dicho "a causa de vuestra fe" o "a causa de Cristo". Pero él conoce bien la razón concreta que hay detrás de su persecución. Cuando los judíos causaron el alboroto en Tesalónica y denunciaron a los misioneros delante de las autoridades civiles, esgrimieron contra ellos el mismo argumento político que los de Jerusalén habían empleado contra Jesús delante de Pilato (véase Lucas 23:2-3, 14; Juan 19:12): *Todos estos actúan contra los decretos del César, diciendo que hay otro rey: Jesús* (Hechos 17:7). Cuando la iglesia proclama el señorío de Jesús y sus derechos soberanos como Rey y Mesías, entonces el maligno dirige sus ataques más virulentos contra ella.

---

35   *Cf.* Morris (2), pág. 198: *[La fe del creyente] es robusta. Se manifiesta en el fuego de dificultades y en el horno de aflicciones. Y no solo se manifiesta allí, sino que es forjada en este tipo de situaciones. Las mismas dificultades y aflicciones que el mundo amontona sobre el creyente llegan a ser, bajo la mano de Dios, los medios que logran que sea lo que debe ser.*

36   El tiempo presente del verbo tiene la fuerza de "seguís padeciendo" (véase Hogg y Vine, pág. 223). Sus sufrimientos empezaron en el momento de la expulsión de los misioneros (Hechos 17:5-10), seguían cuando Pablo escribió su primera carta (1:6; 2:14) y continúan, quizás con mayor intensidad, cuando escribe esta.

Sí. Los tesalonicenses están sufriendo a causa del reino de Dios, pero, dice Pablo, el Señor está utilizando este mismo sufrimiento de una manera positiva: a fin de prepararlos para el reino. Él nunca nos hace padecer en vano. La maravilla de su soberanía es que, aun cuando la causa inmediata de las aflicciones es nuestro enemigo, sabe convertir todas las iniciativas crueles de este en medios de bien (Romanos 8:28). La sola conjunción "para que" indica que hay una finalidad positiva en nuestras aflicciones. En el caso de los tesalonicenses, su propósito es que su paciencia y fe en medio de la persecución sean la demostración de que son dignos de ser contados como ciudadanos del reino.

Pero debemos matizar bien este concepto. No es que el sufrimiento mismo ni siquiera nuestra fidelidad en medio de él nos *hagan* dignos del reino, sino que demuestran que ya *hemos sido hechos* dignos de él, porque revelan la autenticidad (o no) de nuestra fe.[37] Las aflicciones sirven para poner de manifiesto quién es quién. Revelan o que somos verdaderos hijos de Dios que soportamos las pruebas con perseverancia y paciencia, o que nuestra profesión de fe es inviable. Es necesario que nuestra fe sea probada para ver si es verdadera (1 Pedro 1:6-7). Los sufrimientos tienen el propósito no de hacernos justos ante Dios, sino de revelar la viabilidad de la fe que profesamos, aquella fe que nos justifica. Ellos, pues, son el medio empleado por Dios para declararnos, no para hacernos, dignos de su reino.

En resumidas cuentas, pues, la no-intervención de Dios cuando su pueblo es perseguido podría parecer inicialmente una evidencia de su no-existencia, o de su incapacidad para intervenir o de una notable carencia en él de un sentido de justicia. Pero lejos de eso, dice Pablo, vuestra manera de soportar la persecución, siguiendo adelante con paciencia y fe, es evidencia de que el juicio purificador de Dios en vuestras vidas, lejos de ser injusto, os está preparando para vivir siempre en su reino. El hecho de que la aflicción haya

37 *Cf.* Ironside, pág. 71: *Somos hechos herederos del reino de Dios por medio del nuevo nacimiento, pero demostramos que somos dignos de tal herencia por la entereza con la cual soportamos los sufrimientos por causa de él aquí en la tierra.*

servido para producir en vosotros el fruto de la fe, el amor y la paciencia demuestra al mundo que Dios es justo en su trato con su pueblo, incluso cuando se encuentra en medio de la persecución. Y por eso mismo, podéis "regocijaros por cuanto sois participantes de los padecimientos de Cristo" y "consideraros bienaventurados si sois insultados por su nombre, porque el Espíritu de gloria y de Dios reposa sobre vosotros" (1 Pedro 4:13-14; *cf.* 1 Tesalonicenses 1:6). Sí. Vuestro comportamiento santo en medio de la tribulación es la evidencia fehaciente de la realidad de vuestra salvación, de la autenticidad de la presencia del Espíritu en vuestras vidas. Vuestra constancia en la persecución es la mejor señal de que vais a ser declarados dignos del reino.

La cruz es necedad para el mundo (1 Corintios 1:23), un contrasentido, una antilógica. También lo es el creyente que sigue confiando en Dios en medio de la persecución. Pero, en el pensamiento de Dios, el camino de la cruz es el camino de la victoria. Para esto somos llamados: para dar testimonio a través de vidas consagradas y perseverantes en medio de muchas tribulaciones acerca del poder salvador del evangelio y los buenos propósitos de Dios para los que le aman; para dar testimonio también del juicio justo que se avecina porque, si ha comenzado ya por la casa de Dios, "¿cuál será el fin de los que no obedecen el evangelio de Dios?" (1 Pedro 4:17). Este último será precisamente el tema de Pablo en los versículos siguientes.[38]

---

38   Bruce, pág. 1162, resume el tema de 1:5 de la manera siguiente: *Como en 1 Tesalonicenses 3:3-4, así también aquí, señala que el sufrimiento de los tesalonicenses es la demostración de la autenticidad de su fe, y que su perseverancia firme en medio de ella los señala como dignos de heredar el reino divino.*

Retribución

2 Tesalonicenses 1:6-8

Capítulo 4

La justicia de la retribución (1:6)

... ya que es justo[39] de parte de Dios retribuir con aflicción a los que os afligen; y a vosotros, que sois afligidos, daros reposo con nosotros...

Los tesalonicenses están sufriendo persecución a causa de su fidelidad al reino de Dios y al Rey, Jesús el Mesías. Sin embargo, esta situación tiene un límite. Dios se está sirviendo temporalmente de esta injusticia para cumplir sus propósitos de santificación y maduración en los creyentes, pero este período tendrá su fin. Entonces vendrá el ajuste de cuentas. Dios pagará a cada uno lo que se merece.

Dios pagará. Sin embargo, lo hará a través del Mesías. El juicio satisfará plenamente la justicia divina y se hará "de parte de Dios", pero se realizará cuando se manifieste "el Señor Jesús". Esto, por supuesto, está en consonancia con el resto de las Escrituras: Pablo

---

39   Literalmente, el texto reza *"si es justo"*. Sin embargo, en este caso, la palabra "si" no indica inseguridad, como si hubiera duda al respecto, sino que equivale a "puesto que". *Cf.* frases como "si Juan lo ha dicho debe ser cierto": no estamos cuestionando que Juan lo haya dicho, sino afirmando la seguridad de sus palabras. Véase Hendriksen, pág. 182.

habla en otro lugar acerca del "día en que *Dios* juzgue por medio de *Cristo Jesús* los secretos de los hombres" (Romanos 2:16); y Jesús mismo afirmó que "ni aún el Padre juzga a nadie, sino que todo el juicio lo ha encomendado al Hijo" (Juan 5:22).

Pablo introduce el tema del juicio final en medio de su acción de gracias por los creyentes y como motivo de consuelo para ellos. Es muy difícil soportar los terrores y sufrimientos de la persecución. No obstante, si los tesalonicenses se mantienen firmes hasta el fin, llegará el día de su vindicación. Nuestro Dios es justo y su justicia exige que cada uno reciba el pago según cómo ha obrado.

Esto es justo delante de Dios, pero muchos de nuestros contemporáneos se sublevan ante esta idea. Se preguntan: ¿Acaso no es Dios un Dios de amor? ¿No es su oficio perdonar al pecador? ¿Cómo puede un Dios misericordioso condenar a alguien a "la pena de eterna perdición" (1:9)? En una sociedad como la nuestra en la que parece que la preocupación de los jueces es más la reinserción social de los delincuentes que la defensa de sus víctimas, la sola idea de "la retribución" parece primitiva y desfasada. Algunos dirían que es una noción bárbara de venganza, indigna de personas civilizadas, y mucho más de Dios, si acaso existiera. ¿Acaso no nos enseñó Jesús a amar a nuestros enemigos? ¿No enseñó el mismo Pablo que debemos bendecir a los que nos persiguen, devolver bien por mal y, así, vencer el mal con el bien (Romanos 12:14, 17, 21)? ¿Cómo, pues, puede Jesús el juez desdecir su propia enseñanza condenando a sus enemigos, devolviendo mal por mal? El deseo vengativo que hay detrás de este texto, dirían, es indigno de Pablo y contradice el verdadero espíritu cristiano de bondad y misericordia. Con la misma lógica llegan a la conclusión de que, si Dios es realmente un Dios de amor, tiene que salvar finalmente a todo el mundo.

Pero esta clase de argumentación es un claro ejemplo de aquellos errores que consisten en llevar al extremo una enseñanza bíblica sin tomar en consideración otras enseñanzas igualmente válidas. Dios, ciertamente, es amor, pero también es justicia. En él, no hay contradicción entre estas dos cualidades. Su amor pide clemencia y perdón. Su justicia exige retribución y castigo. Esta aparente contradicción se resuelve por medio del evangelio. Dios mismo paga el precio exigido por su justicia para que pueda mostrar clemencia sin hacer violencia a las exigencias de su justicia, o sea, para que pueda "ser justo cuando declara justo al que es de la fe de Jesús" (Romanos 3:26). Tanto el amor como la justicia forman parte íntegra de las premisas fundamentales del evangelio. Y, en realidad, si eliminamos de él todo concepto de la justicia de Dios, devaluamos el concepto de su amor. El amor de Dios brilla sobre todo en la esfera del ejercicio de su justicia. Porque ¿qué valor tendría el sacrificio de Jesús en la cruz como expresión del amor divino si en realidad la justicia de Dios no exigiera la muerte del pecador? Quitar de en medio la justicia de Dios nos deja con un concepto muy insípido de su amor.

Así pues, solamente porque hoy en día es poco popular hablar de retribución y castigo, no tenemos derecho a eliminar de nuestra teología lo que Dios mismo dice acerca de ellos.

En realidad, los argumentos "lógicos" acerca del amor divino que acabamos de mencionar atentan no solamente contra la enseñanza bíblica acerca de la justicia divina, sino también contra la de la responsabilidad humana. Sí. Llevar a este extremo la doctrina del amor no solo deja fuera de juego la justicia, rectitud y santidad de Dios, sino también pone en entredicho lo que la Biblia enseña acerca del ser humano. Este se revela en ella no solamente como un animal especialmente sofisticado (pero que, como los demás animales, está controlado por una serie de apetitos e impulsos que determinan todas sus acciones), sino como un ser creado a la imagen de Dios que tiene suficiente libertad como para tomar decisiones responsables y llevar a cabo acciones de las que es responsable y tiene que dar cuentas. Si Dios perdonara a todos sin más, estaría negando implícitamente la entidad del ser humano; estaría diciendo que sus acciones no son significativas, que el hombre no es responsable de ellas; estaría reduciendo la dignidad humana a la de una bestia irracional. Siendo el hombre un ser responsable, la retribución de sus actos no solo es posible, sino *necesaria*. La quitas de en medio, y atentas contra su verdadera humanidad.

Y, en última instancia, negar la necesidad del juicio es negar el carácter de Dios. La justicia de la retribución, de que cada uno tiene que ser premiado o castigado según sus acciones, deriva de los atributos de Dios mismo. Si él no fuera justo o responsable o santo en todo su proceder, no exigiría justicia, responsabilidad ni santidad en los que ha creado a su imagen. Porque Dios es quien es, el hombre debe ser lo que debe ser y recibirá su justo merecido si no lo es.

Esto, de hecho, se ve perfectamente en las reacciones humanas. Aun los más sentimentales, los que creen que Dios es solo amor, son capaces de indignarse ante ciertos atropellos y abusos de la gente. Hay algo dentro de nosotros que "clama al cielo" si una mujer es maltratada o se abusa de un niño. Por mucho que lo neguemos, todos tenemos un sentido de justicia que exige la vindicación de todas las víctimas de todas las injusticias de todos los hombres de todos los tiempos. El deseo de retribución, de castigo o de recompensa, forma parte de nuestra naturaleza. Y es así, precisamente, porque no somos meros animales, sino seres creados a la imagen de Dios.

De todos modos, Pablo no tiene duda alguna al respecto. Él afirma tajantemente que hacer retribución es justo delante de Dios.

Luego añade que la retribución divina apunta en dos direcciones, hacia los injustos y hacia los justos. En el caso de los justos, el juicio es remunerativo; en el de los injustos, retributivo. En ambos sentidos, Dios ejerce su juicio en base a tres principios complementarios: (1) el hombre cosecha lo que ha sembrado (Gálatas 6:8), (2) Dios actúa con respecto a cada uno con el mismo trato que ellos han aplicado a los demás, y (3) siempre juzga haciendo que haya una correspondencia perfecta entre el delito y el castigo o entre la buena obra y el galardón.[40] En el caso de los tesalonicenses, por tanto, los perseguidos recibirán alivio, mientras que los perseguidores recibirán tribulación. Estos se han cebado con los creyentes. Ahora probarán ellos mismos lo que es sufrir aflicción.

Por supuesto, como en todo el resto de las Escrituras, el "reposo" que recibirán los fieles no significa que vayan a pasar la eternidad en la cama, sino que indica alivio de las aflicciones y pleno bienestar. En el caso del creyente en Jesús, el sufrimiento es cosa de esta vida terrenal y, como consecuencia, es temporal y efímero; después viene la recompensa de una vida eterna sin dolor y sin lágrimas. *Queda un reposo… para el pueblo de Dios* (Hebreos 4:9). Pablo añade que este reposo no es solamente para los tesalonicenses, sino que se experimentará juntamente "con nosotros", es decir, con los tres misioneros (que también habían sufrido muchas aflicciones),[41] o quizás con ellos y todos los demás creyentes que están pasando persecución.

El momento de la retribución (1:7b-8a)

… en la manifestación del Señor Jesús desde el cielo con ángeles de su poder, en llama de fuego que da retribución…

¿Y cuándo ocurrirá esta gran retribución? Pablo contesta que ocurrirá en un momento determinado caracterizado por cuatro frases:

---

40   Wiersbe, pág. 117, pone ejemplos bíblicos de este principio: *El faraón trató de ahogar a todos los niños judíos (Éxodo 1:22) y su ejército murió ahogado en el Mar Rojo. Amán organizó el complot para [ahorcar a Mardoqueo y para] exterminar a los judíos y él [fue ahorcado en la horca que había preparado] y sus hijos fueron exterminados. Los consejeros del rey Darío le obligaron a arrestar a Daniel y a echarlo al foso de los leones, y ellos mismos murieron despedazados por los leones.*

41   Recordemos que esta comunión de sufrimientos está presente en el "también" de 1:5: "por el cual *también* padecéis vosotros, juntamente con nosotros". Cf. Ewert, pág. 1088: *Existe una comunión en el sufrimiento que une a Pablo con sus lectores.*

1. Cuando se manifieste el Señor Jesús

Literalmente, ocurrirá en el momento del "apocalipsis" del Señor Jesús, es decir, en su "manifestación" o "revelación" (*cf.* 1 Corintios 1:7) o, aún más literalmente, "cuando se quite de en medio el velo".[42]

En aquel día, él se manifestará en su gloria. No solamente porque vendrá acompañado por "ángeles en llama de fuego", sino porque Dios abrirá los ojos de la gente para que vean lo que ahora no perciben. Contemplarán la realidad de las cosas. Lo invisible se hará visible. Es como si, hasta aquel momento, la humanidad en general hubiese vivido ciega, invidente a causa de la venda colocada encima de sus ojos por el dios de este mundo (2 Corintios 4:4), hasta el extremo de que algunos niegan la sola existencia del mundo oculto; pero entonces habrá pleno "apocalipsis": *He aquí viene con las nubes, y todo ojo lo verá* (Apocalipsis 1:7). Dios quitará la venda, y entonces se verá quién es quién. Los injustos se manifestarán en toda su inmundicia, Jesús en toda su majestad, y los santos con él en gloria (Colosenses 3:4). Para los incrédulos, aquel día será un descubrimiento terrorífico: la comprensión de que todo su escepticismo ha sido infundado, toda su cosmovisión un error y toda su incredulidad una ceguera culpable.

En el mundo de hoy, los hombres suelen pensar que Jesús era una figura histórica que impartía ideas religiosas y éticas, muchas de las cuales están actualmente caducadas. No ven más allá de esto. Pero, si no ven, no es porque falten evidencias, sino porque no quieren ver; y, si no quieren ver, es porque no desean obedecer el evangelio (1:8), sino seguir su propio camino egocéntrico e impío (Juan 3:19). En cambio, en aquel día tendrán que doblar la rodilla y reconocer que Jesús es el Rey legítimo, el Mesías (Filipenses 2:10-11). Pero su confesión no será un acto de fe, de fe que salva, sino de vista, y su postración no será de adoración, sino de obligación.

Será así porque entonces se manifestará "el Señor Jesús", es decir, Jesús como Señor y Rey. Jesús mismo había hablado de la parusía en términos similares: *el día en que el Hijo del Hombre es revelado* (Lucas

---

42   *Cf.* Trenchard, pág. 36.

17:30), es decir, el día en que el carpintero de Nazaret sea revelado como quién verdaderamente es: el Mesías.

Él también había hablado de la gloria que le acompañará en aquel día: *Y cuando el Hijo del Hombre venga en su gloria, y todos los ángeles con él, entonces se sentará en su trono de gloria* (Mateo 25:31; *cf.* 16:27; Marcos 8:38). Pablo también menciona a los ángeles, pero, en vez de hablar del trono, se refiere a la "llama de fuego". Sin embargo, las dos cosas no son muy diferentes, porque la llama habla del juicio devastador de Dios, y el trono no solamente es el del Rey, sino el del Juez.

2. Desde el cielo

Pero volvamos a nuestro texto para considerar detalladamente las implicaciones de las frases que lo componen. En primer lugar, dice el apóstol, Jesús se manifestará *desde el cielo*.[43] No necesita entrar en más detalles, porque ya lo ha hecho en la primera carta, al decir: *El Señor mismo con voz de mando, con voz de arcángel, y con trompeta de Dios, descenderá del cielo* (1 Tesalonicenses 4:16).[44] Está claro, pues, que esta manifestación tendrá que ver con la revelación de quién es Jesucristo,

---

43 Puntualiza Trenchard, pág. 37: *[El cielo es] el centro de toda verdadera autoridad, poder, justicia y luz, en contraste con el reino de tinieblas del diablo aquí abajo. Cf.* Morris (2), pág. 202: *El lugar más alto le pertenece ahora. Él disfruta de la gloria del Padre. Cuando venga, será con la máxima autoridad.*

44 Algunos comentaristas (por ejemplo, Fickett, págs. 110-111; Hogg y Vine, pág. 228; Ironside, pág. 72; MacDonald, págs. 1022-1023; Wiersbe, pág. 119), por razones que miraremos más adelante, creen que la "venida" de nuestro texto no es la misma tratada en la primera epístola (4:15-17), que esta es su venida a por la iglesia y aquella su venida en juicio. Milita contra esta interpretación el hecho de que Pablo emplea la misma palabra, *parusía*, en los dos casos (1 Tesalonicenses 2:19; 3:13; 4:15; 5:23; 2 Tesalonicenses 2:1, 8), que el lenguaje de los dos textos es similar (comparar 1 Tesalonicenses 4:16 y 2 Tesalonicenses 1:7) y, sobre todo, que, en las dos cartas, el resultado de su venida es la misma: la presencia permanente de los creyentes con el Señor (comparar 1 Tesalonicenses 4:17, "Y así estaremos siempre con el Señor" con 2 Tesalonicenses 2:1: "Con respecto a la venida de nuestro Señor Jesucristo, y nuestra reunión con él"). Solo si te has inventado un esquema escatológico previo puedes convencerte de esta diferencia. No hay nada en el texto de las dos epístolas que nos la indique. Por eso, la mayoría de comentaristas entiende que se trata de la misma venida: Airhart, pág. 535; Cevallos, págs. 126-127; Erdman, pág. 78; Hendriksen, pág. 183; Jamieson, Fausset y Brown, pág. 544; Lacueva-Henry, pág. 323; Leal, pág. 931; Mahan, pág. 36; Morris (2), pág. 202; Pérez Millos, pág. 32; Staab, pág. 73; Stevens, pág. 513; Stott, págs. 147-148.

pero que también irá acompañada por concretos factores físicos. No se trata de una manifestación solamente espiritual o mística ante los ya iniciados, sino de un descenso desde el cielo claramente visible y audible para todo el mundo.

3. Con sus poderosos ángeles

Por esta razón debemos suponer que la presencia de ángeles y llamas no es un mero simbolismo, sino una realidad visible. Por así decirlo, el velo que separa el mundo físico del mundo oculto será quitado y se revelará la presencia de miríadas de ángeles (Judas 14-15), todos ellos inmensamente poderosos[45] y bajo el mando de su creador, el Hijo eterno, nuestro Señor Jesucristo. Ellos cumplirán puntualmente sus órdenes: reunir a su pueblo escogido para salvación y recoger a los perdidos para juicio y perdición: *Recoged primero las cizañas y atadlas en manojos para quemarlas, pero el trigo reunidlo en mi granero* (Mateo 13:30); *Enviará el Hijo del Hombre a sus ángeles, y recogerán de su reino a todos los que causan tropiezos y a los que hacen iniquidad, y los echarán al horno de fuego. Allí será el llanto y el crujido de los dientes. Entonces los justos resplandecerán como el sol en el reino de su Padre* (13:41-43); *Así será en el fin del siglo: Saldrán los ángeles y separarán a los malvados de entre los justos, y los echarán al horno de fuego* (13:49-50). Para cambiar de ilustración, habrá llegado el momento de la separación de las ovejas y los cabritos, *cuando el Hijo del Hombre venga en su gloria, y todos los ángeles con él* (Mateo 25:31-46).

4. En llama de fuego[46]

El que Jesús vaya a descender con *llama de fuego* nos recuerda varios textos del Antiguo Testamento. Por supuesto, evoca el descenso

---

45   La frase es literalmente "los ángeles de su poder", lo cual puede significar no tanto que los ángeles son poderosos en sí, sino que son los agentes del poder de Cristo. Véase Morris (2), pág. 202.

46   Es posible asociar esta frase a lo que sigue: "con llama de fuego dará retribución". Sin embargo, la mayoría de comentaristas la asocia a la manifestación de Jesús. Véase Morris (2), pág. 203; Stevens, pág. 513.

de Yahweh sobre del monte Sinaí: *Todo el monte Sinaí humeaba, porque Yahweh había descendido sobre él en el fuego, y su humo subía como el humo de un horno* (Éxodo 19:18), recordado por el salmista: *Entonces fue estremecida y tembló la tierra, y los cimientos de los montes temblaron y fueron sacudidos, porque él se enfureció. De su nariz sale una humareda, y de su boca, un fuego consumidor. Ascuas de fuego se encendían en él. Inclinó los cielos, y descendió* (Salmo 18:7-9). También enlaza con textos que hablan metafóricamente del descenso de Yahweh en juicio, por ejemplo, en el Salmo 50:3: *Nuestro Elohim viene, y no en silencio; un fuego devorador lo precede*; o en el 97:3: *Un fuego avanza delante de él, que abrasa a sus adversarios en derredor*; o en Isaías 66:15-16: *He aquí, Yahweh viene en el fuego, y como el torbellino con sus carros, para convertir su ira en llamas, y su voz de represión en fuego. Pues mediante el fuego Yahweh hará justicia, y mediante su espada respecto a todo mortal, y serán muchas las víctimas de Yahweh.*[47] Aquí se nos dice explícitamente que el fuego representa el juicio y la ira de Dios, pero también es símbolo de su persona y su santidad. Recordémoslo: Nuestro Dios no solamente trae llamas, sino que *es* fuego consumidor (Hebreos 12:29).

Sin embargo, como ya hemos sugerido, no debemos apresurarnos a decir que fuego es *solamente* simbólico.[48] Hay demasiadas referencias al fuego en torno al día final y al gran juicio de Dios como para quitarle toda posibilidad de combustión literal. Al contrario, es difícil interpretar 2 Pedro 3:7, 10 y 12 en términos puramente metafóricos: *Los cielos y la tierra de ahora, atesorados para el fuego por la misma Palabra, han sido reservados hasta el día del juicio y de la perdición de los hombres impíos… El día del Señor vendrá como ladrón, en el cual los cielos desapare-*

---

47 Puntualizan Hogg y Vine, pág. 231: *Al atribuir al Señor Jesús las prerrogativas de Yahweh en juicio (cf. Deuteronomio 32:36; Salmo 94:1) y al citar con referencia a él palabras aplicadas originalmente a Yahweh, el apóstol da testimonio, indirecta pero incuestionablemente, a su divinidad.*

48 *Cf.* Hendriksen, pág. 184: *De ningún modo se ha establecido que la masa de fuego con sus lenguas de llamas lanzadas en todas direcciones sea un "mero" símbolo del juicio. Sin duda, no será hasta que estos sucesos se conviertan en historia real que sabremos cuánto de esta descripción debe ser tomado literalmente y cuánto figurativamente; por lo demás, es inútil especular… Hablar de un "mero" símbolo en tal relación nunca es correcto. La realidad que responde al símbolo es siempre más terrible (o mucho más gloriosa) que el símbolo mismo.*

cerán con gran estruendo, y los elementos, abrasados, serán disueltos… Los cielos, ardiendo, serán disueltos, y los elementos, quemados, son derretidos. Y si el fuego que devorará la tierra es literal, ¿cómo atrevernos a aseverar que el que devorará a los injustos no lo sea?

Pero, aun en el caso de que este lenguaje sea puramente simbólico, aquello que simboliza es tan terrible, tan indeciblemente horroroso, que únicamente cabe este lenguaje para describirlo. El Jesús humilde y manso, perfecta expresión del amor y la misericordia de Dios, ahora se presenta no solamente como Rey y Mesías, sino como juez universal, la perfecta combinación de autoridad, poder y fuerza, verdad y justicia, y aparece para llevar a cabo finalmente el justo juicio de Dios, dando a cada persona su merecido.

Como creyentes, no nos importa vivir pensando en el amor y la acción redentora de Dios, ¿pero hasta qué punto vivimos en el temor de Dios, es decir, a la luz del pronto retorno de nuestro Señor en juicio? La respuesta a esta pregunta se verá en nuestro comportamiento diario. Como dice Pedro: *Puesto que todas estas cosas han de ser disueltas así, ¡qué clase de personas es necesario que seáis en santas conductas y piedades!* (2 Pedro 3:11-12).

Solemos tratar tan ligeramente el pecado en nuestras vidas que da la impresión de que tenemos aversión a contemplar siquiera la necesidad de vivir en santidad a la luz del acercamiento del derramamiento de la ira de Dios. Si somos fieles al evangelio, tendremos que dar espacio no solamente al amor de Dios, sino también a su justicia, su juicio y su odio al pecado. ¡Ojalá el Espíritu despierte en nosotros una viva comprensión del ajuste de cuentas que se avecina, para que, en aquel día, no tengamos que avergonzarnos en su presencia!

Juicio y gloria
2 Tesalonicenses 1:8b-10

Capítulo 5

Los incrédulos juzgados (1:8)

> *... que da retribución*[49] *a los que no conocen a Dios, ni obedecen al evangelio de nuestro Señor Jesús...*

En 1:6, la venidera retribución divina parecía dirigirse a un grupo relativamente restringido de personas: las que perseguían activamente a los creyentes. Pero, ahora, el grupo se ensancha para incluir a "todos los que no conocen a Dios ni obedecen el evangelio".

Es difícil saber si Pablo, en esta última frase, está pensando en dos grupos diferentes (por un lado, *los que no conocen a Dios*, y por otro, *los que desobedecen al evangelio*) o en un solo grupo descrito de dos maneras. En el primer caso, podría estar refiriéndose respectivamente a los paganos "que no conocen a Dios" (1 Tesalonicenses 4:5), y en aquellos judíos y gentiles que había escuchado el evangelio

---

49   Comenta Morris (1), pág. 136: *"Para dar retribución"* es realmente "para vengarse", expresión hebraísta. En el Antiguo Testamento, la venganza es prerrogativa exclusiva de Yahvé (ver Deuteronomio 32:35), y el hecho de que le sea adjudicado al Señor Jesús es inequívoca evidencia de que él era considerado divino en el sentido más *completo*. Es probable que Pablo tenga en mente el texto de Isaías 66:15-16, donde Yahweh viene desde el cielo en medio del fuego para aplicar venganza sobre los malos. *Cf.* también Salmo 79:5-6; Jeremías 10:24-25.

y lo habían rechazado.[50] Pero, puesto que, en el contexto inmediato, no hay nada que sugiera la división entre paganos y religiosos incrédulos, es preferible entender que las frases corren en paralelo y se refieren al mismo grupo: los que desobedecen el evangelio son los que no reconocen los derechos soberanos de Dios; es decir, son los que rechazan la luz de Dios y se refugian en las tinieblas.[51] Si acaso queremos hacer distinciones entre las dos frases, podríamos señalar que la segunda frase es un ejemplo más concreto de la primera: las dos hablan del rechazo de Dios, pero la primera parece contemplar la indiferencia ante la revelación general, mientras que la segunda mira específicamente el rechazo de la revelación especial.[52]

Lo interesante, en cualquier caso, es que Pablo habla aquí del desconocimiento de Dios y de la incredulidad como si fueran cualidades morales suficientemente reprensibles como para merecer la represión y el juicio divino. Es así porque, en los escritos de Pablo, el vocablo "conocer" referido a Dios suele significar "reconocer". El apóstol parte de la base de que Dios ha dado evidencias incuestionables de su existencia y carácter en el mundo creado; que todo el que quiere ver las evidencias puede llegar a cierto conocimiento de Dios; y, por tanto, que el hombre peca de ingratitud e insumisión si no reconoce los derechos del Creador en su vida y si no le rinde adoración. No está diciendo que el hombre será juzgado y castigado sencillamente por su ignorancia de Dios, ni mucho menos por desobedecer un evangelio que nunca ha escuchado, sino por recha-

---

50   Siguen esta interpretación Denney, pág. 295; Hogg y Vine, págs. 231-232; Jamieson, Fausset y Brown, pág. 544; Marshall, págs. 177-178; Staab, pág. 74; Stevens, págs. 513-514.

51   *Cf.* Erdman, págs. 78-79; Ewert, pág. 1088; Hendriksen, pág. 185; Leal, pág. 932; Morris (1), pág. 136; (2), pág. 204; Stott, pág. 148.

52   *Cf.* Morris (1), pág. 136: *"Aquellos que no conocieron a Dios" es... una manera de designar... a aquellos, quienesquiera que fueran, culpables de no prestar atención a tal conocimiento de Dios como el que él mismo se ha dignado concederles... La referencia a los que "no obedecen al evangelio", por lo tanto, es un ejemplo más específico de lo anterior y tiene que ver con el rechazo de la revelación definitiva de la acción salvífica de Dios.*

zar aquella medida de la luz de Dios que ha recibido;[53] es decir, por no querer saber nada de su Creador, por negar su autoridad y por querer ser el árbitro de su propia vida y, aun siendo criatura, hacer una declaración unilateral de independencia.[54]

Por supuesto, el clásico texto paulino sobre este tema es Romanos 1:18-21: *La ira de Dios es manifestada desde el cielo contra toda impiedad e injusticia de los hombres que con injusticia retienen la verdad. Porque lo conocido de Dios es evidente entre ellos, pues Dios se lo manifestó. Porque las cosas invisibles de él, tanto su eterno poder como deidad, se hacen claramente perceptibles desde la creación del mundo, entendiéndose por medio de las cosas hechas, de modo que son inexcusables. Porque **habiendo conocido a Dios, no lo glorificaron como Dios, ni le dieron gracias**, por lo que fueron entregados a vanos razonamientos, y su necio corazón fue entenebrecido.* El testimonio de Dios en el mundo es "evidente"; es decir, está delante de los ojos de todos, si quieren verlo. Y el que lo ve debería responder lógicamente con gratitud, asombro y adoración. Pero no. El hombre se ciega ante la evidencia, se encierra en su propio mundo gobernado por especulaciones humanas y, con ello, se niega a rendir tributo a su Creador y Señor. Para Pablo, esto es evidencia de una rebeldía culpable.[55]

No sé lo que diría el apóstol si pudiera visitarnos en el siglo XXI. La evolución social puede describirse en términos de "progreso": avances en la tecnología, la ciencia, la medicina… Pero creo que él la evaluaría en términos de retroceso. Cada vez más, el ser humano se ha alejado de la creación de Dios y se ha encerrado en un mundo

---

53   *Cf.* Erdman, pág. 79: *Pablo no quiere decir que los hombres serán considerados responsables por no creer en verdades que nunca les han sido manifestadas, ni por ignorar un evangelio que nunca han oído. Tiene en mente a los que desobedecen la luz de la naturaleza y de la conciencia, a los que cierran los ojos al llamamiento del evangelio al arrepentimiento y a la fe.*

54   *Cf.* Green, pág. 308: *Esta ignorancia de Dios no es simplemente la falta de conocimiento de su existencia, sino el rechazo de su persona revelada a los hombres y a las naciones.*

55   *Cf.* Lacueva-Henry, pág. 323: *El desconocimiento de Dios es siempre culpable, pues Dios nunca se dejó a sí mismo sin testimonio para todo ser humano que tenga uso de razón, por muy nublada que esta razón esté por el pecado.*

creado por él mismo. Antiguamente, el hombre vivía en medio de la naturaleza. Actualmente, el contacto de muchos con ella es prácticamente nulo. En vez de vivir en campos y bosques, vivimos en selvas de hormigón y asfalto, en medio de grandes construcciones arquitectónicas. Ni siquiera podemos ver las estrellas a causa de la contaminación luminosa. Y nuestro contacto con el mundo de los animales se limita a visitas al supermercado para comprar filetes de ternera o pescado. Sutilmente, el maligno ha utilizado este ambiente para aumentar la eficacia de la venda que ha colocado sobre nuestros ojos (2 Corintios 4:4), logrando que nuestra experiencia del mundo creado por Dios sea reemplazada por la vivencia en un mundo construido por los hombres en el que todas las evidencias de la obra del Creador han sido escondidas o eliminadas.

Pero, si tenemos que reconocer que el maligno ha sido muy listo al encerrarnos en guetos que sirven para esconder la luz de Dios, el hombre no tiene excusa por cuanto le queda alguna iluminación, aunque solo consista en documentales de televisión o paisajes vistos fugazmente cuando está de viaje o de vacaciones. Además, el evangelio lo confronta no solamente por medio de la tenue iluminación de la naturaleza, sino por la clara luz del evangelio, luz que le puede sorprender en cualquier momento y por cualquier medio.

La premisa del evangelio es que "la luz verdadera, al venir al mundo, alumbra a todo hombre" (Juan 1:9). Todo hombre, por tanto, queda sin excusa al haberle dado la espalda a Dios.[56]

En cuanto a la frase "desobedecer el evangelio", debemos recordar que la revelación de Dios es un mensaje que exige una respuesta de fe, pero que el rechazo de este mensaje no es solamente una falta de fe, sino también un acto de desobediencia. Lo contrario de "creer el evangelio" no es tanto "no creerlo" como "desobedecerlo". De igual manera, creer el evangelio es prácticamente igual a obedecerlo. Decir que creemos en Jesús y luego hacer caso omiso de sus mandatos es

---

56   *Cf.* Morris (2), pág. 205: *El evangelio es un mensaje de buenas noticias, pero también es una invitación del Rey de reyes. Por tanto, rechazarlo es un acto de desobediencia ante una invitación real.*

en realidad la demostración de que no creemos. Cuando nuestro Creador habla, no podemos aceptar o rechazar su mensaje a nuestro antojo e impunemente. La incredulidad es una acción culpable que conduce al juicio.[57]

En resumidas cuentas, pues, el Juez viene para dar retribución (1) a los que le han denegado a Dios el lugar de autoridad que le pertenece en sus vidas y (2) a los que han mostrado una reacción de incredulidad y desobediencia ante el mensaje traído por el Señor Jesucristo.

El castigo de los incrédulos (1:9)

... los cuales[58] pagarán el castigo de eterna destrucción, excluidos de la presencia del Señor, y de la gloria de su poder...

En el capítulo anterior establecimos que la justicia equitativa de Dios requiere que el castigo se corresponda con el crimen. Ahora, al pasar de la culpabilidad del incrédulo a considerar cuál será su castigo, vemos este principio en acción. La retribución encaja perfectamente con el delito: la persona que ha excluido a Dios de su vida temporal será excluida para siempre de la presencia de Dios en la eternidad. El hombre que ha dicho, implícita o explícitamente: "No quiero que ese hombre Jesús reine en mi vida", será condenado a no tenerlo por rey nunca jamás. En la tierra, ha cerrado la puerta de su vida para que Dios no pueda entrar en ella; el Juez responderá colocando en la puerta un cerrojo con candado para que quede eternamente "excluido de la presencia del Señor y de su glorioso poder".

---

57   Cf. Green, pág. 309: *El evangelio... llama al ser humano a responder a las buenas nuevas de Dios, pero, si la iniciativa divina se rechaza, el mismo evangelio se convierte en el criterio por el cual Dios juzga a la persona.*

58   Puntualiza Morris (1), pág. 136: *El pronombre relativo que se usa aquí es el de cualidad ('oitines), "los cuales son de tal clase como para", y señala al hecho de que tales personas son aptas para recibir el castigo que tendrán que sufrir.*

Durante esta vida en la tierra, no ha querido seguir el camino de la santidad, sino que se ha desviado de él, andando libremente por sendas que conducen a la muerte; ahora su perdición será permanente, eterna.[59]

En otras palabras, la impresión que nos da el texto es que el juicio divino, lejos de consistir en castigos que no guardan relación con la culpa humana, es sencillamente la ratificación permanente de la condición libremente escogida por el hombre.[60] El ser humano que ha preferido las tinieblas a la luz será condenado a vivir definitivamente en tinieblas. El que no ha querido conocer a Dios, se quedará permanentemente sin conocerlo. El Juez ratificará en la vida de cada persona las consecuencias de su propia manera de vivir. Es como si Jesucristo, con gran pesar y sin desearlo, pero respetando nuestra entidad humana, pronunciara la triste sentencia: "Muy bien. Has rehusado la luz; ahora te condeno a las tinieblas. Me has rechazado a mí como tu Señor legítimo y no has abrazado la salvación que te ofrecía al precio de mi sacrificio por ti en la cruz; ahora estarás definitivamente sin mí y sin los enormes beneficios de mi gloria y poder. Todo contacto conmigo queda roto. Te quedas separado de la fuente de la vida, la verdad, la sabiduría, el bienestar, la luz y el gozo, de todo lo que es poderoso y glorioso. No has querido seguirme a mí, el verdadero camino, sino que te has perdido en tus propios derroteros que no conducen a ninguna parte buena; bien, lo lamento, pero ahora estás finalmente perdido para siempre. Te doy permanentemente lo que has estado pidiendo toda la vida".

Claramente, este juicio es final, sin esperanza de indulto ni rectificación. La vida en esta tierra es una vida gobernada por el tiempo, y la temporalidad admite la posibilidad de cambio, transformación, rectificación y arrepentimiento. De alguna manera que no nos es

---

59 *Cf.* Morris (2), pág. 206: *Aquellos que se oponen a las cosas de Dios aquí y ahora no se están involucrando en un error insignificante que puede ser rectificado en el más allá. Están involucrándose en un desafío a la voluntad de Dios que tendrá consecuencias eternas.*

60 *Cf.* Morris (1), pág. 137: *La idea en este versículo no es la de infligir un ciego y rencoroso castigo, sino la de encontrarse con las merecidas consecuencias.*

dado entender, la eternidad es definitiva. Hoy es día de salvación (2 Corintios 6:2). Mañana será demasiado tarde. Lo que hemos llegado a ser durante el período de cambios lo seremos definitivamente.[61]

Este versículo es extremadamente serio, lleno *de una tristeza infinita casi demasiado terrible para contemplarla*.[62] Debe hacernos temblar ante la suerte de los perdidos, estimularnos a una vida santa y a un fiel testimonio ante nuestros familiares y vecinos inconversos:

> *Si hay verdad alguna en la Escritura es esta: que aquellos que tercamente rehúsan someterse al evangelio, amar y obedecer a Jesucristo, en la Venida Final incurrirán en irreparable pérdida. Ingresan en una noche para la cual no hay amanecer.*[63]

El juez glorificado (1:10)

> *... cuando[64] venga para ser glorificado en sus santos, y ser admirado en aquel día entre todos los que creyeron (por cuanto nuestro testimonio fue creído entre vosotros).*

Pablo ya ha hablado del momento de la parusía: *cuando se manifieste el Señor Jesús desde el cielo* (1:7) y ha establecido que el Señor se aparecerá con la finalidad de dar el pago a todos: retribución a los infieles y remuneración a los fieles (1:6-7). Ha ampliado el tema del

---

61 Para la espinosa cuestión de si la "perdición eterna" (o "eterna destrucción") significa "condenación definitiva" o "tormento sin fin", véase mi libro *En el umbral de la muerte*, Andamio Editorial. 2ª edición, 2012. *Cf.* Stott, pág. 149: *Nadie puede dudar de que la suerte final de los que rechazan a Dios y a Cristo será espantosa y eterna. Pero la cuestión de si su exclusión y destrucción significarán un tormento consciente o una aniquilación final no puede resolverse apelando a este versículo y su vocabulario, porque el apóstol no alude aquí claramente a ninguno de los dos.*

62 Airhart, págs. 536-537.

63 Denney, citado por Morris (1), pág. 137.

64 Puntualiza Morris (1), pág. 137: *El "cuando" que introduce este versículo es el indefinido ('otan) que indica que el tiempo de la venida no es conocido*. La frase podría ser traducida como: "cuandoquiera que él venga".

castigo de los infieles en los versículos 8 y 9, y habríamos esperado que ahora pasara a ampliar la cuestión del galardón de los fieles. Pero no. Ciertamente, sigue hablando de los "santos y creyentes", pero no aludiendo al premio que van a recibir ni como explicación del "reposo" (1:7), sino en términos de su reacción maravillada ante la manifestación del Señor mismo. Es como si comprendiera que, por mucho que aspiremos a la vindicación en medio de las tribulaciones de esta vida, cuando venga el día final desaparecerá todo afán interesado y tendremos ojos solamente para el Señor.

Entonces, Jesucristo "será glorificado por sus santos". Es posible que los "santos" en cuestión sean los "poderosos ángeles" de 1:7, pero es aún más probable que se trate de los creyentes redimidos. De la misma manera que los infieles son descritos por dos frases complementarias ("los que no conocen a Dios" y "los que no obedecen el evangelio"), ahora se habla de los redimidos con otro paralelismo similar: son a la vez "sus santos" y "todos los que creyeron". Y la verdad es que todos los que Dios ha elegido y "apartado" (santos) para formar parte de su pueblo escogido son también los que han creído el evangelio. Una vez más, vemos que la elección soberana de Dios y la elección responsable del hombre están en perfecta armonía. Son santos desde la perspectiva divina, y creyentes desde la humana.[65]

Literalmente, el texto dice que el Señor será glorificado "*en* sus santos".[66] Es decir, los santos mismos, además de ensalzar el nombre de Cristo y rendirle homenaje, darán testimonio de la eficacia del amor salvador de Jesús por su sola presencia en aquel día. Estarán allí únicamente en virtud de la redención de la cruz. De la misma manera que un escultor es honrado por sus esculturas, o la eficacia de un maestro se revela en sus discípulos, también el Señor será glorifi-

---

65   *Cf.* Hendriksen, pág. 187: *El primer término enfatiza el hecho de que su salvación es básicamente obra de Dios. El segundo deja claro que ellos, no obstante, voluntaria y activamente se adhieren a Cristo.*

66   La interpretación "por sus santos" es defendido por Green, pág. 312, pero rechazada por la mayoría de comentaristas (Cevallos, págs. 129-130; Erdman, págs. 79-80; Hogg y Vine, pág. 235; Lacueva-Henry, pág. 324; Mahan, pág. 37; Pérez Millos, pág. 34; Ryrie, pág. 75).

cado "en sus santos". Será así porque, recordémoslo, el "apocalipsis" del Señor significará también la manifestación en gloria de su pueblo (Romanos 8:19). Nuestra glorificación en aquel día, cuando desaparezcan todas las marcas de nuestra caída y resplandezcamos como el sol en las vestiduras de la justicia de nuestro Salvador, servirá para elevar a alturas aún más gloriosas la majestad y el resplandor de Jesús. Compartiremos su gloria y la reflejaremos.[67]

Recordemos también que Pablo escribía a una comunidad despreciada, burlada y perseguida por aquellos que iban a recibir su merecido en aquel día. No solamente serán vindicados por el castigo eterno de sus perseguidores, sino también por su propia exaltación juntamente con Cristo. No os olvidéis, les dice el apóstol, que Dios está transformándoos de gloria en gloria (2 Corintios 3:18), obrando en vosotros un eterno peso de gloria por medio de vuestros sufrimientos presentes (2 Corintios 4:17), y que esta gloria será manifestada públicamente en el día del juicio, para el mayor honor de Cristo mismo. Como Moisés, que bajó del monte con rostro resplandeciente después de su encuentro con el Señor, nosotros, al verlo, seremos semejantes a él (1 Juan 3:2) y brillaremos como reflejo de su gloria.

Nosotros, en aquel día, seremos la gloria de Cristo. Pero, igualmente, según la frase siguiente, él será la nuestra: *para ser admirado entre todos los que creyeron*.[68] Como ya hemos indicado, entonces solo tendremos ojos para Jesús. Lo veremos vestido de majestad celestial. Lo veremos y lo adoraremos, totalmente abrumados y asombrados por su hermosura y gloria.

La última frase del versículo, correctamente colocada entre paréntesis por los traductores, ¡nos devuelve del cielo a la tierra! Aque-

---

67   *Cf.* Stott, pág. 149: *No solamente será revelado el Señor Jesús objetivamente en su propio esplendor y de manera visible, sino que su gloria será revelada en nosotros, su pueblo redimido, de manera que seremos transformados por ella y vendremos a ser vehículos por medio de los cuales ella será manifestada.* Véase también Morris (2), pág. 207. Comenta Ryrie, pág. 75: *Únicamente la gracia de Dios puede exaltar a un pecador al lugar donde él llega a ser el medio de reflejar la gloria de Dios.*

68   Explican Lacueva-Henry, pág. 324: *El verbo "admirar" no tiene en este versículo el sentido que se le suele dar hoy día, sino el de un asombro pavoroso que quita el aliento.*

llos "todos" que serán glorificados y glorificarán a su Salvador en el día final os incluyen a vosotros, sí, a vosotros, los despreciados y perseguidos tesalonicenses. ¿Y cómo lo sabemos? Porque "nuestro testimonio", aquel evangelio acerca de lo que Dios ha hecho por nosotros en Cristo, aquel mensaje que los incrédulos rechazaron y desobedecieron, "fue creído entre vosotros". Los "glorificados" en aquel día no son una casta especial de súper santos, sino sencillamente los creyentes, y vosotros habéis presentado todas las evidencias de ser creyentes de verdad. El desprecio que estáis soportando ahora se va a convertir en glorificación en el momento de la parusía.

Sí. Aquel mensaje llevado a Tesalónica por los tres misioneros menciona la clave para la glorificación final del hombre. De la misma manera que "desobedecer el evangelio" equivale a "no conocer a Dios", así, "creer el testimonio apostólico" también equivale a "obedecer el evangelio de nuestro Señor Jesús el Mesías" y conduce a la glorificación de los creyentes.

Ánimo, hermanos, dice el apóstol implícitamente. Las aflicciones presentes tendrán su fin y entonces vendrá vuestra vindicación. Estas consideraciones terribles acerca del juicio venidero y del derramamiento de la ira de Dios conducen al verdadero creyente a enfocar su vida a la luz del futuro, a comportarse en santidad, a soportar las aflicciones a causa de la vindicación final. Debemos vivir el presente con los ojos puestos en el futuro, sostenernos "como viendo al Invisible" (Hebreos 11:27) y recordar constantemente que "nuestro Dios es fuego consumidor" (Hebreos 12:29).

Glorificación presente y futura

2 Tesalonicenses 1:11-12

Capítulo 6

Dignos de su llamamiento (1:11a)

Por lo cual también oramos siempre por vosotros, para que nues-
tro Dios os considere dignos del llamamiento...

Pablo se ha ido desviando mucho de la acción de gracias que era el
objetivo del comienzo de su carta (1:3-10). Ha expresado su gratitud
por la fidelidad de los tesalonicenses en medio de la persecución; esto
lo ha llevado a comentar la suerte que espera a los perseguidores en
el gran ajuste de cuentas del día final y la bendición que aquel día
traerá a los que han perseverado en la fe a pesar de las aflicciones.
Su acción de gracias se ha convertido en palabras de consuelo para
esos creyentes.

Ahora vuelve a la oración. Como ya hemos notado, el apóstol, al
principio de sus cartas, suele dar gracias por sus lectores y luego ora
a favor de ellos. Así es en el caso presente. Pablo pasa de la gratitud
a la intercesión.

Sin embargo, no cambia de tema, porque hay una estrecha relación entre su acción de gracias y su oración. Acaba de decir que el
crecimiento espiritual de los tesalonicenses la da muy buenas expectativas de que Jesucristo, cuando vuelva, sea glorificado en ellos.

Ahora su intercesión se centra en la petición de que, aun en esta vida, el Señor sea glorificado en sus vidas, en preparación para aquel día.[69]

Enseguida observamos que, aunque Pablo sabe que sus lectores están "en Dios" (1:1) y dan abundantes evidencias de la autenticidad de su conversión al crecer en fe, amor y perseverancia en las tribulaciones (1:3-4), aun así no da por sentado que serán tenidos por dignos del reino (1:5) cuando Jesús se manifieste en gloria (1:7). Tiene buenas expectativas al respecto, pero sabe que es posible que algunos que parecen estar firmes caigan (1 Corintios 10:12) y retrocedan a la perdición (Hebreos 10:38-39). Por eso mismo, intercede por sus lectores.

O, para expresar la misma idea de una manera más positiva, Pablo desea que la esperanza del retorno de Cristo y de la glorificación final del creyente sea un fuerte estímulo a sus lectores en su presente transformación de gloria en gloria hacia aquella meta, la meta de ser semejante a él cuando lo vean (2 Corintios 3:18; 1 Juan 3:2).[70]

"Por lo cual" (o "en vista de lo dicho") los misioneros no cesan de orar por los tesalonicenses. Es decir, oran a causa del pronto regreso de Jesús y debido a la necesidad de que los creyentes estén preparados para aquel día y no tengan que avergonzarse. Y oran "siempre", cada día, porque el camino de la santidad requiere perseverancia hasta el fin, y eso en medio de muchos motivos de desánimo.

La oración de los misioneros es un modelo para las nuestras. El énfasis de sus intercesiones no recae sobre los problemas de salud de los lectores ni sobre sus necesidades materiales o laborales (aunque es

---

69   *Cf.* Green, pág. 313: *La promesa del futuro trae consigo obligaciones para el presente, y estas se convierten en el tema de las oraciones de los apóstoles;* Airhart, pág. 538: *El prospecto magnífico que Pablo ha puesto por delante como la esperanza de los creyentes no es algo que pueda realizarse sin ayuda sobrenatural. Por ende, el apóstol pasa naturalmente al tema de la oración.*

70   *Cf.* Stott, pág. 150: *La esperanza de nuestra transformación final incentiva nuestro actual crecimiento en santidad. Así, la visión escatológica de Pablo lo lleva a la oración ferviente… La oración conecta el futuro con el presente, la visión de lo que será con la realidad de lo que es.* Es de suma importancia comprender que, cuando las Escrituras nos revelan verdades acerca de las últimas cosas, no es para llenar nuestra cabeza de informaciones esotéricas, ni mucho menos para proveernos de armas que emplear en las guerras escatológicas, sino para estimularnos a vidas consagradas a la imagen de Cristo.

perfectamente legítimo orar por estas cuestiones), sino que tiene otras prioridades. Para ellos, lo más importante (como lo fue para Jesús cuando él oraba por los discípulos) era que la fe de los tesalonicenses no desfalleciera (Lucas 22:32) y que siguieran adelante en el camino de la santidad sin desanimarse. Si van a ser tenidos por dignos del reino (1:5), deben vivir ahora mismo en armonía con esa ciudadanía.

Específicamente, el motivo de su intercesión se expresa por medio de dos frases paralelas. La primera es: *que nuestro Dios os considere dignos del llamamiento.*[71]

Pablo tenía claro que nadie puede lograr su propia dignidad ante Dios. Ninguna acumulación de méritos, buenas obras, acciones caritativas o penitencias puede bastar para satisfacer la perfección exigida por él. Somos hechos dignos solamente por la gracia de Dios en virtud de la obra expiatoria de Jesús y la obra santificadora del Espíritu. Pero las doctrinas de la gracia no existen para que sea *innecesaria* nuestra vida santa y bondadosa, sino precisamente para hacerla *posible*. Por tanto, la persona verdaderamente regenerada por Dios (Juan 1:12-13) empieza naturalmente a adquirir las características morales y espirituales de su Padre celestial.[72] Alguien que, a continuación de su conversión, no empieza a parecerse a Jesús en su conducta pone en tela de juicio la realidad del Espíritu de Jesús como fuerza motriz de su vida y, como consecuencia, cabe dudar de su dignidad para poder entrar finalmente en el reino.[73]

Por eso, el ferviente deseo de todo pastor debe ser que el carácter de Cristo siga siendo formado en cada uno de los miembros de su congregación. Con esta misma finalidad, él les predica (*cf.* Efesios

---

71 Notemos que Pablo no ve la necesidad de explicar de qué llamamiento se trata. Ni siquiera puntualiza que es el llamamiento de Dios. *Cf.* Hendriksen, pág. 187: *En el Nuevo Testamento... es siempre el llamado divino a la salvación.*

72 *Cf.* Airhart, pág. 538: *Es el carácter santo como evidencia de la fe salvadora lo que capacita a los humanos a estar listos para "ese día".*

73 *Cf.* Stott, págs. 150-151: *Desde que Dios nos llamó a sí mismo en Cristo... ha estado obrando en nosotros para reducir el espacio entre lo que éramos cuando fuimos llamados y lo que deberíamos ser y seremos. Solo así podemos ser "considerados dignos" de su llamamiento y de entrar en su reino.*

4:1: *Os exhorta a andar como es digno del llamamiento con que fuisteis llamados*) e igualmente intercede por ellos. Asimismo, los miembros deben orar los unos por los otros. La vida cristiana es un peregrinaje por tierras inhóspitas en el que tenemos que subir largas cuestas agotadoras, vadear torrentes violentos, evitar precipicios vertiginosos, no hundirnos en marismas de soledad, además de rechazar las seducciones de las "ferias de las vanidades" que se nos presentan en el camino. Para llegar al destino, nos necesitamos los unos a los otros. Viajar solos es muy duro. Poder contar con los buenos ánimos, la solidaridad y la intercesión de nuestros hermanos hace más llevadero el camino. Pero, por supuesto, interceder es reconocer que, finalmente, no llegaremos al reino si no es gracias al poder sustentador y fortalecedor de Dios.

Propósito y fe (1:11b)

… y cumpla con poder todo deseo de bondad y obra de fe…

La segunda petición de Pablo coincide con esta última consideración: si Dios mismo no actúa poderosamente en nosotros, todas nuestras intenciones serán vanas y todo nuestro crecimiento en fe será una ilusión. Solo hay esperanza para nosotros si el Dios que empezó la buena obra en nosotros sigue perfeccionándola hasta el día de Cristo (Filipenses 1:6). En todo dependemos de Dios. Si él no utiliza su "poder" para "llevar" a su pleno "cumplimiento" las buenas obras que él mismo preparó para nosotros al llamarnos en Cristo, nunca llegaremos a tener una conducta digna del reino.

Pablo describe dos facetas muy importantes de esta nueva conducta nuestra como "todo deseo de bondad" y "obra de fe". Ahora bien, está claro que las "obras de fe" son llevadas a cabo por los creyentes como resultado de su fe en Dios. ¿Pero de quién son los "deseos de bondad"? Puesto que, en las Escrituras, la palabra traducida como "deseo" suele ser aplicada a los designios de Dios, algunos han interpretado este versículo como si Pablo estuviera hablando del cumplimiento de "todos los bondadosos propósitos de Dios en vuestras vidas" además de "vuestras propias acciones de fe".[74] Sin embargo, el paralelismo de las frases hace que esta interpretación sea poco probable.[75] Debemos entender más bien que tanto el "deseo" como la "fe" son de los tesalonicenses:[76] es decir, "que el poder de Dios permita que llevéis a cabo con éxito todas *vuestras* buenas intenciones y todo lo que emprendéis por la fe".[77]

Los deseos, la bondad y la fe del creyente son actitudes interiores. Como un feto en el vientre de la madre, no pueden ver la luz si no son llevados a término por la acción poderosa de Dios. Lo que permite que se conviertan realmente en obras externas es el poder de Dios.[78] Todas nuestras mejores resoluciones quedarían en nada si no fuera por su capacitación. A sabiendas de eso, los misioneros no dejan de interceder por sus lectores: *Están constantemente orando para que, en el caso de los tesalonicenses, ninguna resolución que provenga de la buena disposición creada por el Espíritu Santo en sus almas deje de cumplirse, y ninguna obra inspirada por la fe quede inconclusa.*[79]

---

74   *Cf.* por ejemplo, Jamieson, Fausset y Brown, pág. 545; Pérez Millos, pág. 35. J. B. Phillips traduce este frase: *Todo lo que la bondad de Dios desea hacer y que vuestra fe hace posible"* (citado por Stott, pág. 151).

75   El mismo paralelismo hace que "todo deseo de bondad" signifique "toda resolución que procede de vuestra bondad", no "toda resolución que persigue la bondad". Véase Morris (2), pág. 210.

76   La palabra "deseo" aplicada a los hombres se emplea también en Romanos 10:1 ("anhelo") y Filipenses 1:15 ("voluntad").

77   *Cf.* Hendriksen, pág. 188: *Puesto que las dos frases ("resolución motivada por la bondad" y "obra resultante de la fe") están pareadas, se deduce que no solamente la última sino también la primera se refieren a los tesalonicenses y no a Dios.* Véase también Airhart, pág. 538; Green, pág. 314; Hogg y Vine, pág. 238; Lacueva-Henry, pág. 325; Morris (1), pág. 139; (2), pág. 210; Ryrie, pág. 76.

78   *Cf.* Stevens, pág. 516: *Nuestras aspiraciones, nuestras buenas intenciones, no se cumplen simplemente por sí mismas... No serán productivas excepto en la medida en que Dios las cumpla. Necesitan recibir energía del poder de Dios; él tiene que obrar tanto el desear como el hacer.*

79   Hendriksen, págs. 188-189.

Por descontado, el hecho de que el poder para llevar a cabo estas iniciativas provenga de Dios no significa que los creyentes no tengan la responsabilidad de esforzarse por tomarlas. La idea es más bien la siguiente: el Espíritu Santo estimula en el creyente la bondad y la fe; estas conducen a acciones de amor cristiano llevadas a cabo por los creyentes con esfuerzo y abnegación; pero es el poder de Dios el que los capacita para ello.[80]

Glorificación recíproca (1:12)

... para que el nombre de nuestro Señor Jesús sea glorificado en vosotros, y vosotros en él, según la gracia de nuestro Dios y del Señor Jesucristo.

Sin embargo, las obras que fluyen de la fe y la bondad no son la meta final que los creyentes perseguimos. Esta no es ni más ni menos que una glorificación recíproca: la de Cristo en nosotros y la nuestra en él.

Ya nos hemos encontrado con esta idea en perspectiva escatológica en 1:10: *cuando venga para ser glorificado en sus santos y ser admirado entre todos los que creyeron*. En torno a ese texto comentamos que la esperanza cristiana no es solamente ver a Jesús en su gloria, una experiencia absolutamente abrumadora, sino también compartir su gloria, ser transformados y ser manifestados nosotros mismos como hijos de Dios: admiraremos su gloria y, a la vez, la reflejaremos. Es difícil saber si Pablo, al llegar al versículo 12, está pensando en la parusía futura (como en 1:7-10) o en la experiencia actual del creyente (como en 1:11); si la glorificación es aquella que conoceremos cuando él venga, o la que ya se está formando en nosotros durante

---

80 Comenta Morris (1), pág. 139: *Pablo nunca piensa en la fe como algo pasivo, sino como algo que está apropiándose incesantemente de las bendiciones de Dios y usando el poder de Dios para el servicio de Dios;* (2), pág. 210: *La fe no es simplemente una actitud intelectual que no hace nada. La fe siempre está ocupada. Una verdadera fe siempre se reviste de obras.*

esta vida.[81] Quizás sea mejor entender el versículo en el sentido más amplio posible, con referencia tanto al presente como al futuro. De hecho, es difícil imaginar que conoceremos la glorificación en el día final si no estamos siendo transformados hoy de gloria en gloria (2 Corintios 3:18). Lo que seremos en la parusía es la culminación de un proceso que ya está en acción en la vida del creyente.

En el presente, los cristianos encontramos en Jesús nuestra gloria. Su "nombre" (es decir, su persona y obra) es nuestro orgullo.[82] ¡Jamás nos suceda gloriarnos, sino en la cruz de nuestro Señor Jesús! (Gálatas 6:14). Él llena nuestra visión. Él es nuestra gloria.

A la vez, nosotros mismos glorificamos la reputación y el honor ("el nombre") de Jesús cuando vivimos vidas santas, nobles, amables y consecuentes.[83] Nuestro testimonio y nuestra evangelización en el mundo lo exaltan. Cuando nos comportamos con bondad y fe, algo de la presencia de Jesús por su Espíritu se ve en nuestra conducta. Y nuestro deseo actual debe ser que *Cristo sea engrandecido en nuestro cuerpo, sea por medio de la vida, sea por medio de la muerte; porque para nosotros el vivir es Cristo, y el morir es ganancia* (Filipenses 1:20-21).

A partir del momento de nuestra conversión y regeneración, existe una estrechísima relación entre nosotros y nuestro Señor. Su vida

---

81 Green, pág. 315, lo toma con sentido futuro: *Esta glorificación es un suceso escatológico, como en 1:10, y sucederá al mismo tiempo que los tesalonicenses serán glorificados por él. Cf.* Hogg y Vine, pág. 240. En cambio, otros lo toman en sentido presente: Ewert, pág. 1089; Staab, pág. 75; Morris (1), pág. 140: *Aunque la parusía no está ausente en parte alguna de este pasaje, el énfasis primordial aquí parece recaer sobre la calidad de vida generada en los tesalonicenses como consecuencia de morar Cristo en ellos;* Wiersbe, pág. 120: *Pablo expresó su deseo de que fueran dignos del reino… en el futuro; pero aquí hace hincapié en su situación presente… Cristo Jesús será "glorificado en sus santos" cuando vengan con él (1:10), pero también debe ser glorificado en nuestra vida ahora.*

82 En cuanto al término "nombre", puntualizan Morris (2), pág. 211: *En tiempos bíblicos, el nombre era mucho más que un medio de diferenciar a una persona de otra. Resumía el carácter total de una persona;* Leal, pág. 935: *Según la mentalidad semita, el nombre se une tan íntimamente con la persona que equivale a ella.*

83 *Cf.* Morris (2), pág. 211: *[Los misioneros] oran para que los tesalonicenses vivan de tal manera que aporten gloria al nombre del Señor… es decir, que se manifiesten tales virtudes en ellos que se añadirá gloria a aquel que, en última instancia, es responsable por ellas. Los tesalonicenses constituirán un testimonio tan luminoso a la realidad de su salvación que el Salvador se verá como el Ser maravilloso que es en realidad.*

está en nosotros y nuestra vida está escondida en la suya. Su reputación y la nuestra son mutuamente dependientes. Él nos glorifica a nosotros y nosotros a él. Como él mismo dijo: *He sido glorificado en ellos... Yo les he dado la gloria que me has dado* (Juan 17:10, 22).

¿No nos resulta absolutamente asombroso que, según los designios eternos de Dios, nuestra experiencia presente sea glorificar a Cristo y también ser glorificados por él, y nuestro destino eterno sea vivir permanentemente en esta doble glorificación?

Y, naturalmente, esto es posible solamente porque nuestro Dios es un Dios de gracia. Por eso, Pablo concluye su oración indicando el origen de todo ese proceso: la *gracia* el Padre y del Hijo.[84] El resultado de la gracia es la gloria, y no puede haber gloria para nosotros sin la gracia de Dios.

Gloria (1:12)

Así pues, el apóstol coloca delante de los tesalonicenses "la esperanza de gloria" (Colosenses 1:27). Los creyentes, como los demás mortales, vivimos esta vida en medio de mucha miseria. Aunque podemos conocer momentos luminosos, en general estamos en tinieblas, rodeados de no pocas desilusiones, aflicciones, preocupaciones y angustias. Los tesalonicenses, en concreto, estaban pasando por diversas formas de persecución por parte de sus conciudadanos. Pero el creyente, en contraste con los demás, tiene una esperanza viva. Sabe que, un día, dejará atrás la miseria, las mediocridades y los sufrimientos de esta vida y se encontrará en un mundo perfecto. ¿Cómo describir las realidades de ese nuevo mundo? La Biblia las llama "gloria".

---

84   Puntualiza Hendriksen, pág. 190: *Esta gracia... se deriva del Dios nuestro como la fuente, y es mediada por el Señor Jesucristo.* Por otra parte, la frase puede ser traducida como "nuestro Dios y Señor Jesucristo". De hecho, en el texto griego hay un único artículo delante de "Dios y Señor", lo cual puede sugerir que los dos títulos se refieren a una sola persona. Véase NVI, nota de pie de página; Green, pág. 316; Jamieson, Fausset y Brown, pág. 545; Morris (1), págs. 140-141; (2), pág. 212; Staab, pág. 75.

A veces hablamos como si la "gloria" fuera un lugar (como cuando decimos: "Fulano está en la gloria"). Pero es más bien una nueva realidad, una nueva dimensión de vida. Es nuestra humanidad plenamente restaurada, transformada al modelo de la perfecta humanidad de Jesús. Es el fin de todo lo que hay en nosotros de ruin y mezquino para que seamos... ¿cómo expresarlo?, sí, "gloriosos". Es además la completa comunión con Dios y la total armonía del mundo creado.

Pablo ha utilizado el tema de la gloria de dos maneras en este pasaje (1:3-12): como motivo de consuelo y como estímulo a la perseverancia. En su acción de gracias (1:3-10), ha presentado la gloria como el maravilloso antídoto a las tribulaciones del presente: los tesalonicenses sufren persecución, pero entonces conocerán el reposo de Dios, la revelación de la magnitud de la gloria de Jesús y la participación en ella. En cambio, en su intercesión, usa la gloria venidera como revulsivo para animar a los creyentes a proseguir en el camino de la santidad.[85] La plena glorificación del día futuro es para aquellos que están siendo ya glorificados aquí y ahora por medio de la obra transformadora del Espíritu.[86]

---

85   Cf. Stott, pág. 155: *El proceso de la glorificación empieza ahora. Es más, **debe** empezar ahora si va a conducir a su finalidad correcta cuando Cristo vuelva. Aquel día no pondrá al revés los procesos que actúan ahora en nosotros, sino que los confirmará y completará.*

86   Llama la atención el número de resonancias de Isaías 66 (LXX) que encontramos en la oración de Pablo:

2 Tesalonicenses 1:3-12	Isaías 66 LXX
1:6 *Retribuir con aflicción a los que os atribulan.*	66:6, 15 *La voz del Señor dando retribución a sus enemigos... Para dar venganza [retribuir] con ira.*
1:7-8 *En la manifestación del Señor... en llama de fuego que da retribución.*	66:15 *El Señor vendrá como fuego... para dar venganza... con llama de fuego.*
1:12 *Para que el nombre de nuestro Señor Jesús sea glorificado.*	66:5 *Para que el nombre del Señor sea glorificado.*

Para más detalles, véase Weima, págs. 883-886.

Con respecto a la parusía

2 Tesalonicenses 2:1-2

Capítulo 7

Venida y reunión (2:1)

> *Pero con respecto a la venida de nuestro Señor Jesucristo, y nuestra reunión con él...*

La introducción ha acabado y, ahora, Pablo entra en el tema principal de su carta: la refutación de ciertas ideas erróneas respecto a la segunda venida de Cristo. Acabamos de mirar uno de los capítulos más *fuertes* de la Biblia, con sus terribles advertencias acerca de la suerte de los perdidos en el juicio final (2 Tesalonicenses 1). Ahora estamos a punto de entrar en uno de los capítulos más *controvertidos* en cuanto a su interpretación.[87] Esto se debe a ciertos factores que debemos abordar antes de poder entrar en el comentario del texto.

El primero de ellos es que no estamos acostumbrados a manejar el lenguaje apocalíptico. Por eso, podemos malentender ciertas frases o conceptos que habrían sido más comprensibles para lectores del siglo I.

En segundo lugar, el texto mismo indica que los tesalonicenses tenían un cuerpo de información acerca de los temas tratados aquí

---

87   *Cf.* Morris (1), pág. 141: *Este pasaje es, probablemente, el más oscuro y difícil de toda la correspondencia paulina y las muchas lagunas que hay en nuestro conocimiento han dado lugar a las más extravagantes especulaciones... Debemos mantener cierta reserva en nuestra interpretación.*

del que no disponemos nosotros. En 2:5, Pablo afirma que ya había informado a los creyentes acerca de estos temas cuando estuvo con ellos en la ciudad. Ahora, pues, solamente necesita refrescar su memoria acerca de ideas que él les había explicado más detalladamente. Aún más explícitamente, en 2:6, el apóstol dice que los tesalonicenses "ya saben" lo que detiene al Anticristo. Pero nosotros, que no tenemos esa información, únicamente podemos especular acerca de lo que él quiso decir. Ellos podían acercarse al texto acordándose de las palabras anteriores de Pablo; pero nosotros lo hacemos sin esta información previa.

Esta falta nuestra de "trasfondo" abre la puerta a una tercera dificultad: cómo abordar el texto con objetividad y sin filtrarlo a través de nuestros esquemas escatológicos predeterminados.[88]

En cuarto lugar, al no saber exactamente a qué se refiere el texto en algunos momentos, resulta difícil saber cómo traducirlo. Por ejemplo, en 2:6-7 se nos habla de algo o de alguien que es "detenido". Pero este verbo admite diferentes traducciones: retener, sostener, incluso gobernar. La falta de seguridad acerca de la naturaleza del sujeto del verbo hace difícil la interpretación del verbo mismo.

Como consecuencia de estas dificultades, tendremos que ser muy cautos en el momento de dar nuestra interpretación de ciertas frases del texto. Esto es especialmente cierto en torno a tres puntos concretos:

6. ¿Quién es el "hombre de iniquidad" mencionado en 2:3? Parece que cada generación y cada partido de la cristiandad han tenido su propia respuesta. En el siglo XVI, algunos opinaban que Lutero lo era, mientras que los luteranos creían que era el Papa. En el siglo XX, algunos pensaban que era Hitler, y otros, Stalin. El lenguaje empleado por Pablo y la naturaleza escueta de su información hace que esta pregunta se preste a una multitud de respuestas.

---

88   Comparto el criterio y la meta de Cevallos, pág. 135: *Nuestro intento será... no hacer ningún calendario de eventos, ni procurar que todos los eventos descritos aquí entren a un sistema escatológico predeterminado.*

7. ¿Qué es exactamente "el misterio de la iniquidad" y qué es lo que "lo detiene" (2:6-7)? Aunque consideraremos algunas respuestas posibles, no podremos dogmatizar al respecto. Para empezar, en 2:6, lo detenido parece ser una persona y aquello que lo detiene es una cosa, mientras que en 2:7 es al revés: lo detenido es una cosa y aquello que lo detiene es "quién", no "qué".

8. ¿Por qué ha tenido a bien el Espíritu Santo conceder a los tesalonicenses más información que a nosotros? Esto sí que es un misterio.

Sin embargo, la mayor controversia se produce a raíz de la relación entre las enseñanzas escatológicas de las dos epístolas a los Tesalonicenses, concretamente por la cuestión siguiente: recibimos la impresión de que 1 Tesalonicenses 5:1-4 enseña que la venida del Señor será repentina e inesperada, y que puede ocurrir en cualquier momento; en cambio, 2 Tesalonicenses 2:1-3 da a entender que tienen que producirse determinados acontecimientos antes de que el Señor vuelva. ¿Cómo reconciliar estas dos enseñanzas?

En los últimos cien años, se ha hecho muy popular en ciertos círculos evangélicos reconciliarlas diciendo que las dos epístolas están hablando de cosas diferentes: 1 Tesalonicenses 4:13-5:11 se refiere a la venida del Señor a por la iglesia en el momento del rapto; no hay ningún programa de eventos previos a ella; en cambio, 2 Tesalonicenses 2:1-12 habla de la venida del Señor en gloria para reinar y juzgar, antes de la cual sí hay un programa de eventos anunciado.[89]

---

89   Un buen ejemplo es Ironside, pág. 77: *El día de Cristo y el día del Señor son dos eventos muy diferentes. El día de Cristo se refiere al día de la manifestación en que los creyentes recibirán sus recompensas ante el tribunal de Cristo. Esto sucederá inmediatamente después del arrebatamiento. El día del Señor... es aquel día cuando Dios derramará sus juicios, culminando con el retorno del Señor a esta tierra para establecer su reino de justicia. El día de Cristo es siempre inminente y puede ocurrir en cualquier momento, pero para que venga el día del Señor la iglesia ha de ser primeramente arrebatada en el aire.* Cf. también McGee, pág. 115-116; Pérez Millos, pág. 44; Ryrie, págs. 79-80; Trenchard, pág. 39; Wiersbe, pág. 125. Para listas de los argumentos esgrimidos por aquellos que defienden esta interpretación, véase Hogg y Vine, pág. 245; MacDonald, págs. 1022-1023. Ninguno de estos argumentos es conclusivo; algunos parecen apoyar más bien la interpretación contraria.

Lo que milita poderosamente en contra de esta interpretación es el hecho de que Pablo no hable en ningún lugar explícitamente de *dos* venidas futuras, o de dos momentos diferenciados dentro de la segunda venida. Ya hemos visto, en el capítulo 1, que siempre habla de la parusía (la venida, el juicio y la glorificación) como un solo evento que ocurrirá en un solo momento. Para mantener una lectura diferente, tendríamos que suponer que la enseñanza acerca de los "dos momentos" se encuentra entre las cosas que los tesalonicenses "ya saben" (2:6) a causa de lo que él les impartió en persona (2:5).

Además, debemos observar que Pablo utiliza un vocabulario similar en las dos cartas: en ambos casos está hablando del "día del Señor" (1:5:2; 2:2:2) y de la "venida del Señor" (1:4:15; 2:2:1).[90] Asimismo, aunque emplea dos palabras diferentes al describir la reunión de los creyentes con Cristo ("encuentro" o *apantêsis*, y "reunión" o *episunagôgê*; 1:4:17; 2:2:1), la idea de las dos, dentro de sus respectivos contextos, es idéntica.[91] Ahora bien, al estudiar estos vocablos en 1 Tesalonicenses, vimos que "venida" y "encuentro" no son palabras cotidianas, sino vocablos técnicos procedentes del lenguaje protocolario de aquella época. La primera de ellas (parusía) se refiere a la venida de un rey o gobernante en visita oficial a una ciudad o país, mientras que la segunda habla de la salida protocolaria de los ciudadanos más destacados para recibir al monarca y acompañarlo en su entrada triunfal en la ciudad. Es muy poco probable que Pablo empleara este lenguaje especializado para describir dos eventos

---

90   MacDonald, págs. 1025-1026, reconoce que los vocablos son iguales y se refieren *inequívocamente al arrebatamiento*, pero supone que la preposición traducida como "con respecto a" (en griego, *huper*) significa en realidad "por" en el sentido de "sobre la base de": *Os pido sobre la base del arrebatamiento que no temáis estar en el día del Señor. El arrebatamiento ha de tener lugar primero. Seréis llevados al hogar celestial en aquel tiempo y así escaparéis de los horrores del día del Señor.* La gran mayoría de comentaristas no aceptan este significado de la preposición ni esta lectura del texto. Hogg y Vine, pág. 242, aun defendiendo que el arrebatamiento de la primera carta y la manifestación de la segunda ocurren en dos momentos diferentes, interpretan "huper" en este caso como "con la intención de corregir vuestros pensamientos acerca de". Morris (1), pág. 141, propone "en interés de la verdad concerniente a".

91   Que yo sepa, ¡nadie propone que nuestro encuentro con Cristo difiere de nuestra reunión con él!

distintos, y mucho más probable que emplee el mismo vocabulario porque está hablando de un solo acontecimiento. En otras palabras, la información de la segunda carta empieza donde acabó la de la primera. Esta había establecido claramente dos hechos futuros: el retorno absolutamente seguro de Cristo y el arrebatamiento de los santos. Ahora, el apóstol introduce sus aclaraciones con una referencia a ellos: *Con respecto a la venida de Jesús y nuestra reunión con él, no os dejéis perturbar en el sentido de que el día del Señor ha llegado.*

Pero, si las dos epístolas se refieren al mismo momento, a la misma parusía, ¿cómo explicar la aparente contradicción entre el "en cualquier momento" de la primera carta y el "no antes de que venga la apostasía" de la segunda?

Observemos que, en la primera, Pablo nunca dice explícitamente que la venida del Señor es inminente. Este, aparentemente, fue el error de algunos de los tesalonicenses: suponer que la llegada *repentina* e inesperada de la parusía (que el apóstol sí enseñaba) significaba su llegada *inmediata*. Por otra parte, él nunca dice que el arrebatamiento de la iglesia no será precedido por otros eventos. Nos exhorta, eso sí, a vivir de tal manera que no seremos sorprendidos y avergonzados cuando ocurra, como si el momento pudiera llegar hoy mismo, pero sabía perfectamente que Jesús había enseñado que algunas cosas importantes (como, por ejemplo, la evangelización mundial; véase Mateo 24:14) tenían que ocurrir antes de que la iglesia fuera arrebatada. La "contradicción" es más aparente que real.

Entendemos, pues, que Pablo, al hablar ahora de la "venida" de Jesús y nuestra "reunión" con él, se está refiriendo a la misma venida y reunión que ya hemos visto en la primera carta, y que ambas cosas forman parte del gran programa divino del "día del Señor".[92] Está aclarando malentendidos en torno a la parusía, que parecen haber surgido a raíz de una interpretación errónea de su primera carta. Esta

---

92 *Cf.* Green, pág. 318: *Todos estos sucesos, la venida del Señor, la reunión con él y el día del Señor, son facetas del mismo acontecimiento escatológico y no se separan temporal o teológicamente como algunos sugieren;* Cousins, pág. 500: *Es interesante notar que estos versículos asocian "nuestra reunión con él" al "día del Señor".*

había dado a algunos la convicción de que la parusía estaba a punto de realizarse, lo cual servía solamente para agravar el conflicto entre los miembros de la iglesia que habían abandonado sus empleos para esperar al Señor y los que seguían trabajando.

Confusiones y engaños (2:1b-2a)

> … *os rogamos, hermanos, no moveros fácilmente de vuestro modo de pensar, ni ser perturbados, ni por espíritu ni por palabra, ni por epístola como si fuera nuestra…*

Las diferentes teorías e interpretaciones sobre la parusía estaban causando gran perplejidad y polémica a la iglesia: *Unos pocos días más, o semanas, o meses como máximo, y Jesús mismo haría su aparición en las nubes del cielo. Su "día" había llegado.*[93]

> *Parece que, en el caso de algunos de ellos, la parusía había llegado a ser el asunto principal de conversación, el más importante y continuo tema de discusión. Estaban perdiendo la cabeza en cuanto a este asunto, de tal modo que algunos habían decidido abandonar totalmente sus trabajos. Estaban perturbados al respecto, terriblemente agitados, sí, "sacudidos de su estado normal de pensamiento".*[94]

Pablo se ve obligado a llamarles al orden. Les ruega o "insta" con autoridad apostólica, pero a la vez se solidariza con ellos y les habla con cariño: "hermanos". El tono es de "urgencia cariñosa".[95]

Comprende que la confusión en torno a la parusía no hace ningún bien a la iglesia. Deja a los miembros "perturbados",[96] sin la paz y

---

93 Hendriksen, pág. 195.

94 Hendriksen, pág. 194.

95 Stevens, pág. 517.

96 Literalmente "sacudidos", un verbo que se relaciona con el movimiento de las olas del mar.

serenidad que tendría que caracterizar a los hijos de Dios.[97] Y el hecho de pensar que quizás Cristo ya haya vuelto está causando "alarma" entre ellos. Es posible que algunos se estuvieran preguntando: Si Cristo ya ha vuelto (ver abajo), ¿por qué no han resucitado los creyentes difuntos y no hemos sido arrebatados al aire como Pablo nos ha dicho (1 Tesalonicenses 4:15-17)?

Había otro factor a tomar en cuenta. Además de los malentendidos en torno a la primera carta, se ve que otras voces habían sembrado más dudas entre los creyentes. Había habido "espíritus" en la congregación, sin duda una referencia a profecías extáticas o revelaciones sobrenaturales atribuidas al Espíritu Santo (cf. 1 Juan 4:1-3; 1 Tesalonicenses 5:20-21; 1 Corintios 12:10; 14:29-33). La iglesia había escuchado "palabras", supuestamente de discernimiento o de sabiduría (véase 1 Corintios 12:8), pronunciadas por hermanos que pretendían tener una línea directa con Dios (o quizás atribuidas a Pablo mismo por una persona no autorizada).[98] Y lo más grave de todo, parece que había llegado a la iglesia (o que existía la posibilidad de que llegara) una carta que pretendía ser de la mano de Pablo y llevaba su firma, pero que era en realidad una falsificación.

Era necesario cortar por lo sano estas ideas erróneas, porque muchos, como consecuencia de ellas, estaban viviendo ociosa y "desordenadamente" (3:6-7). Por tanto, el apóstol interviene enérgicamente para intentar calmar los ánimos e impedir la circulación de especulaciones equivocadas. En vez de ser como *niños fluctuantes, sacudidos por las olas y zarandeados por todo viento de doctrina en la maniobra tramposa de hombres que emplean con maestría las artimañas del error* (Efesios 4:14), los tesalonicenses deben serenarse y esperar tranquilamente el día del Señor.

---

97 *Cf.* Green, pág. 319: *La falsa doctrina conllevaba el desequilibrio emocional en la comunidad.*

98 O quizás se refiera a sermones equivocados o a la exposición errónea de ideas enseñadas en la primera carta. La frase "como si fuera nuestra" podría referirse solamente a la "epístola" espuria, o podría referirse también a la "palabra" y al "espíritu".

Falsas parusías (2:2b)

... en el sentido de que el día del Señor ha llegado.[99]

Sea cual fuera el vehículo usado para la comunicación del mensaje erróneo, ya se tratara de una voz profética o de una palabra de discernimiento o de una carta pseudoepigráfica, lo que está claro es que alguien estaba fomentando en la iglesia la creencia de que la parusía ya había llegado, que Cristo ya estaba presente en la tierra y que el día del Señor ya había comenzado.

De hecho, una de las maneras de distinguir entre el ejercicio genuino o fraudulento de dones sobrenaturales, como la profecía, las palabras de discernimiento o las visiones, es examinar la honradez y veracidad de los practicantes. La falsa doctrina que se impartía en Tesalónica venía de parte de hombres que combinaban la superespiritualidad con la mentira, y con el engaño de una carta falsificada. La historia de la Iglesia muestra que este no es un caso aislado. Por eso, ante cualquier enseñanza novedosa o extraña, hacemos bien en examinar el carácter y las motivaciones de aquellos que la promocionan.[100]

---

99   Literalmente "está presente" (*cf.* Romanos 8:38: *ni lo presente*; Gálatas 1:4: *el presente siglo malo*). Véase Hogg y Vine, pág. 245; Morris (1), pág. 143. Nuestra versión da la traducción correcta de esta frase, no "que el día del Señor está cerca" (RV60). Stevens, pág. 517, dice acerca de esta traducción que carece de "apoyo del lenguaje, en escritores bíblicos o clásicos". La frase empleada por Pablo significa que algunos decían que el día del Señor ya había llegado, no que era inminente.

100   Esta clase de rumores ha sido característica de algunos iluminados de la iglesia desde el siglo I hasta nuestros días. El recurso fácil de todos aquellos que profetizan que Cristo volverá en el año tal, y luego pasa el año sin que aparezca, es decir que en realidad ha venido, pero de una manera clandestina o secreta. El ejemplo más flagrante de esto es el de los Testigos de Jehová. Su fundador, Carlos Russell, enseñó que el fin del mundo llegaría en 1874. Posteriormente (cuando acabó aquel año sin que el fin llegara), cambió su estimación a 1914. Cuando aquel año también pasó sin el cumplimiento esperado, su sucesor, Rutherford, declaró que Cristo efectivamente había vuelto en 1914 (concretamente el 1 de octubre), pero de una manera invisible. Véase Stott, pág. 157.

Sin duda, la superespiritualidad de los maestros también contagiaba a sus seguidores. Por ejemplo, podemos suponer que aquellos que habían abandonado sus empleos para dedicarse al retorno del Señor se consideraban espiritualmente superiores a los que seguían trabajando. A fin de cuentas, parece un gran "paso de fe" dejar el empleo y no recibir un salario regular. Pero el apóstol ya no tiene paciencia con ellos, porque su espiritualidad es falsa. En realidad, están dependiendo de los "menos espirituales" para su sostenimiento. Han llegado a ser parásitos en la iglesia.

Antes de dejar estos versículos, conviene considerar un par de lecciones más que encontramos en ellos.

En primer lugar, aunque el verbo "perturbar" tiene el significado primario de "sacudir" o "agitar", también puede tener la fuerza de "alejarse de" algo (*cf.* Gálatas 1:6).[101] Y puesto que, en el caso presente, la sacudida lleva a la gente a un cambio en el "modo de pensar", es lícito darle este sentido aquí. Entendido de esta manera, Pablo estaría diciendo que fueran estables en sus convicciones, que no siguieran cada viento de doctrina que soplaba y que no abandonaran fácilmente la enseñanza que habían recibido de los misioneros. No está abogando a favor de un inmovilismo absoluto ni está diciendo que nunca deben modificar sus criterios, sino que no deben caracterizarse por la inestabilidad doctrinal.

En segundo lugar, es cierto que todavía, hoy en día, el tema de las últimas cosas, en vez de ser motivo de alivio, consuelo y buen ánimo, sigue causando "sacudidas": obsesiones, discusiones, peleas entre hermanos y confusiones. Necesitamos corregir nuestras prioridades, recibir el estímulo que el tema debe suponer para nuestra perseverancia en la vida de fe y evitar a todo coste las divisiones y los desconciertos que puede ocasionar.

---

101   Véase Hogg y Vine, pág. 243. *Cf.* RV60: *No os dejéis mover fácilmente*; DHH: *Que no cambiéis fácilmente de manera de pensar.*

Apostasía y Anticristo

2 Tesalonicenses 2:3

Capítulo 8

La apostasía (2:3a)

> *¡Nadie os engañe en ninguna manera! Porque no vendrá*[102] *sin que antes venga la apostasía…*

Antes de que el Mesías vuelva y venga el día del Señor, tienen que cumplirse otras predicciones. Algunas de ellas son de mucha bendición y ánimo para los creyentes. Por ejemplo, en Mateo 24:14, Jesús dijo a los discípulos que no vendría "el fin" hasta después de la proclamación de "este evangelio en toda la tierra habitada". Otras son de signo contrario: guerras, hambrunas, terremotos, falsos profetas, enfriamiento espiritual… (véase Mateo 24:4-12). Y, ahora, Pablo comunica a los tesalonicenses dos de las predicciones más devastadores de todas: la gran apostasía y el Anticristo.

Pero notemos bien cómo introduce estos temas: con una advertencia urgente contra el engaño.[103] Jesús, en su gran discurso escatológico

---

102   Las palabras "no vendrá" no aparecen en el texto original, que es gramaticalmente incompleto. Sin embargo, el claro sentido es este.

103   *Cf.* Morris (2), pág. 218: *Pablo está desesperadamente ansioso por sus amigos, que no caigan en el error. "¡Nadie os engañe en ninguna manera!" no solamente es una exhortación, sino que les recuerda la necedad de desviarse de esta forma. Es un verbo compuesto que indica que ser engatusado por esta clase de ideas es no solamente ser engañado, sino ser engañado terriblemente.*

(Mateo 23-25), había señalado dos reacciones que los discípulos *no* debían tener en torno a sus predicciones. Por un lado, no debían dejarse llevar por el entusiasmo provocado por falsos maestros, milagrosas señales o pseudocristos: *Mirad que nadie os engañe* (24:4, 5, 11, 23, 26). Por otro lado, no debían dejarse llevar por el miedo: *Mirad, no os alarméis* (24:6). Los eventos futuros llevarán dos caras: una tentadora, la otra aterradora. El maligno querrá engañarlos y seducirlos en algunos momentos, y meterles miedo en otros. No deben sucumbir ante ninguna de estas tácticas suyas. Pablo acaba de advertir a los tesalonicenses acerca de la faceta aterradora de los eventos futuros: *No moveros... ni ser perturbados* (2:2). Ahora les advierte en cuanto a la faceta seductora: *Nadie os engañe en ninguna manera*.

En el caso explícito que el apóstol está tratando, la posibilidad de engaño es doble: los creyentes pueden ser engañados pensando que la parusía vendrá antes de que tenga lugar la gran apostasía; o pueden ser engañados por la apostasía misma. Pueden ser arrastrados por el entusiasmo de los que piensan que el día del Señor ya ha empezado o está a punto de comenzar; o por la credulidad de las masas que están abandonando la verdadera fe y siguiendo a los falsos maestros.

"Apostasía", en griego, significa "rebelión" y puede referirse a una revuelta tanto política como religiosa. En todo caso, implica el rechazo de aquello que ha predominado hasta aquí, y la lucha por establecer algo diferente. En el uso bíblico, esta palabra se aplica a la rebelión contra Dios: *¡Que tu maldad te reprenda y tus apostasías te condenen! Considera y reconoce cuán malo y amargo es haber abandonado a Yahweh tu Elohim* (Jeremías 2:19). En el caso presente, no se refiere a la incredulidad de aquellos que toda la vida han sido paganos o ateos, sino al abandono de la fe de los que, en su día, profesaban creer en Cristo y fueron bautizados en su nombre, pero que ahora se han apartado de la verdad, siguiendo doctrinas erróneas promulgadas por falsos maestros.[104] Sin embargo, "apartarse" es una palabra demasiado débil: la idea es, más bien, oponerse a Dios, alzarse en rebeldía contra él.[105]

La historia de la Iglesia demuestra que la tentación a la apostasía siempre ha estado presente: *El Espíritu expresamente dice que en los postreros tiempos algunos apostatarán de la fe, escuchando a espíritus engañadores* (1 Timoteo 4.1). Con el paso de las generaciones, vemos la tendencia constante a ir rebajando el listón del compromiso cristiano: las congregaciones van conformándose con rutinas religiosas que no comprometen casi a nada; durante un tiempo, mantienen las formas externas, aun cuando la verdadera luz del candelabro ha desaparecido (Apocalipsis 2:5); pero, en realidad, *por haberse multiplicado la maldad, el amor de los muchos se enfriará* (Mateo 24:12). Con los labios honran a Dios, pero su corazón está muy lejos de él (Mateo 15:8). Entonces están a solo un paso de negar la fe y abrazar otra ideología.

Sí. La tendencia a la apostasía es un fenómeno permanente. Pero, al hablar aquí de "*la* apostasía", es obvio que Pablo se refiere a un momento futuro de infidelidad masiva,[106] de una verdadera desbandada de personas que renunciarán a su fe en Cristo y seguirán otra cosa.[107] ¿De qué cosa se trata? El apóstol no lo dice explícitamente, pero el hecho de colocar juntos "la apostasía" y "el hombre de iniquidad" sugiere que hay una vinculación estrecha entre ellos y que el culto al Anticristo será o bien la causa o bien el efecto de la apostasía.

Antes de la primera venida del Mesías, el rey sirio Antíoco Epífanes conquistó Jerusalén (169 a. C.), hizo sacrilegios en el templo e intentó imponer en el país una nueva religión (véase 1 Macabeos 1,

---

104 *Cf.* Green, pág. 323: *El término [apostasía] implica que uno era partícipe en algo y luego lo abandonaba.*

105 Véase Morris (2), págs. 218-219.

106 *Cf.* Morris (1), pág. 144: *El artículo determinante destaca la apostasía (o rebelión) como algo ya conocido por los lectores.*

107 *Cf.* Ewert, pág. 1090: *Cuando esté a punto de llegar el momento en que Cristo se aparezca en gloria y todos los rebeldes contra Dios sean desenmascarados y expulsados, las fuerzas de maldad se alzarán como nunca antes en un último esfuerzo desesperado contra Dios.*

especialmente los versículos 54-64). Lo triste es que un gran porcentaje de la población fue detrás de él (1:11-15, 43; 2:16). Ahora, dice Pablo, la historia va a repetirse: de la misma manera que hubo una gran apostasía antes de la primera venida, habrá otra antes de la segunda.[108] Sin duda, la referencia no es al rechazo del evangelio por parte de la gente incrédula desde siempre, sino por parte de la misma iglesia. Esta, como institución, renegará de su fe e irá por derroteros de incredulidad.[109]

Por supuesto, las implicaciones para los pocos que permanecen fieles, cuando la gran mayoría se aparte de la verdad, tienen mal augurio: *A muchos se hará tropezar entonces, y se entregarán unos a otros, y unos a otros se aborrecerán. Y serán levantados muchos falsos profetas y engañarán a muchos… mas el que perseveró hasta el fin, este será salvo* (Mateo 24:10-13).

El hombre de iniquidad (2:3b)

… y sea manifestado el hombre de iniquidad, el hijo de la perdición…

El texto no deja claro si la apostasía y la "manifestación del hombre de iniquidad" serán dos cosas completamente independientes o si van unidas. En este último caso, tampoco aclara si el Anticristo será el inductor de la apostasía o si la apostasía será la causa de un vacío espiritual que permitirá que el Anticristo se haga con el poder. La mayoría de comentaristas supone que hay una estrecha relación entre las dos cosas y que el Anticristo se manifestará en medio de un ambiente de incredulidad y apostasía.[110]

---

108 *Cf*. Hendriksen, págs. 195-196.

109 *Cf*. Hendriksen, pág. 196: *De una manera general, la iglesia visible abandonará la fe.*

110 Por ejemplo, Morris (2), pág. 219: *No sabemos… si la rebelión y la manifestación del hombre de anomia son hechos simultáneos o si la segunda sigue a la primera. Claramente, están estrechamente asociadas, pero no son idénticas.*

Sería una labor larga y cansina investigar todas las teorías que, en la historia de la iglesia, han surgido en torno a la figura de Anticristo. En general, el liberalismo, que no contempla a los autores bíblicos como portadores de verdaderas profecías divinas, sino como hombres cualesquiera, sujetos a las ideas (¡y los prejuicios!) de su día, supone que la referencia es a algún emperador romano perseguidor de la iglesia (el candidato preferido es Nerón), o que arranca de la mitología babilónica o cananea.[111] Desde luego, habría sido muy fácil para los creyentes que tuvieron que soportar las atroces persecuciones de Nerón creer que él era el Anticristo. Pero, como mucho, podríamos pensar que era uno de los pequeños anticristos que van surgiendo (1 Juan 2:18), no *el* Anticristo.[112]

En los diferentes sectores conservadores de la iglesia, el hombre de iniquidad se ha identificado habitualmente con una figura destacada de la "oposición". Por descontado, la persona que más ha soportado este sambenito es el papa. Esta identificación tiene una larga trayectoria histórica, arrancando (¡esto es lo gracioso del caso!) nada menos que de un papa. Gregorio Magno, en el siglo VI, escribió que cualquier hombre que pretendiera ser sacerdote universal y hacer las veces de Cristo en la tierra usurpaba la autoridad del Señor y debía ser tenido por Anticristo.[113] Y, por supuesto, los reformadores veían todo el sistema del Vaticano como un gran montaje anticristiano. Ya en el siglo XIV, el reformador inglés John Wyclif escribió un tratado proponiendo que el papa era Anticristo, y Lutero hizo lo propio en el XVI.[114] Hoy, la tendencia en el mundo evangélico sería ver la institución del papado como una aberración y el papa como otro de los pequeños "anticristos que han salido por el mundo", pero no como *el* Anticristo.

Otros han propuesto que el Anticristo no se trata de una persona en concreto, sino con algún poder espiritual o alguna institución co-

---

111   Para ejemplos, véase Hendriksen, págs. 202-203.

112   Para más detalles acerca de estas teorías, véase Hendriksen, págs. 199-200.

113   *Cf.* Hendriksen, pág. 200.

114   Para detalles, véase Hendriksen, págs. 200-203.

lectiva, lo cual permite que el nuevo "viento de doctrina" que sopla en cualquier generación pueda asociarse inmediatamente al Anticristo. Pero las características mencionadas por Pablo parecen indicar con toda claridad que se trata de un hombre, no de una abstracción.[115]

Ciertamente, este hombre aparecerá trayendo consigo principios e ideas que militarán contra la verdadera fe cristiana; pero una cosa es el sistema ideológico, y otra el hombre. Por eso, los versículos 6 y 7 pueden oscilar entre "el misterio de la iniquidad" y "el hombre de la iniquidad". El Anticristo es la suprema manifestación y encarnación del misterio del mal, lo mismo que Jesús lo es del misterio del evangelio. O sea, de la misma manera que el evangelio no es solamente un sistema ideológico, sino también, y sobre todo, una persona, lo mismo ocurre con el misterio de la iniquidad y su supremo representante. Si Cristo es una persona, es lógico que también deba serlo el Anticristo.

Aun otros han sugerido que el Anticristo es Satanás mismo, el diablo en forma humana. La sugerencia es atractiva, porque si Cristo es la encarnación de Dios, Anticristo podría muy bien ser la encarnación del gran oponente de Dios. Sin embargo, el texto de 2:9, al indicar que el Anticristo es *obra* de Satanás, parece desechar la posibilidad de que sea Satanás mismo. Anticristo es agente del diablo, pero no hay base firme para pensar que sea el diablo en forma humana.

Hemos considerado y desechado una serie de propuestas acerca de quién puede ser el Anticristo. Entonces, positivamente, ¿quién será? La respuesta obvia es: No lo sabemos ni lo sabremos hasta que él se manifieste de verdad. Sin embargo, el texto nos da algunas pistas en cuanto a cómo reconocerlo cuando aparezca:

- Es bastante obvio que el "hombre de iniquidad" o "el inicuo" de 2 Tesalonicenses es la misma persona que el "Anticristo" de los

---

115   Hendriksen, pág. 198, aborda este tema detalladamente.

escritos del apóstol Juan.[116] Según Juan, el gran Anticristo hará acto de presencia como la culminación y máxima expresión de toda una serie de anticristos que han surgido a lo largo de la historia de la iglesia: *Niñitos, ya es la hora postrera, y según habéis oído que el anticristo viene, así han surgido ahora muchos anticristos... Salieron de nosotros, pero no eran de nosotros* (1 Juan 2:18-19; *cf.* Mateo 24:24). Juan parece entender que cualquier persona que, habiendo participado en la vida de la congregación, luego renuncia a su fe, sale de la iglesia y se convierte en enemigo del evangelio, es un pequeño anticristo. Precisamente por eso, quizás no sea fácil distinguir al gran Anticristo cuando aparezca de otros anticristos que le han precedido.[117]

- Pablo enseña (2.8) que el Anticristo aparecerá justo antes de la segunda venida de Cristo, porque la parusía pondrá fin a su reino. Esto significa, por supuesto, que todos los posibles anticristos que ya han muerto no pueden haber sido el hombre de iniquidad.

- El apóstol (2:9) indica que el Anticristo ostentará grandes poderes sobrenaturales (*cf.* Mateo 24:24). Estos deslumbrarán a la gente, pero serán de origen satánico.

- Sin embargo, la característica principal de este hombre será su capacidad para engañar a la gente (2:10-12), de la cual sus poderosas señales solo son una parte. Tanto es así que, para Juan, el espíritu del Anticristo es el espíritu de engaño: *Muchos engañadores han salido por el mundo, que no confiesan a Jesucristo como venido en carne. ¡Este es el engañador y el anticristo!* (2 Juan 7). Tan sutiles son

---

116 Véase Hendriksen, págs. 198-199. También suele ser identificado con aquella figura que aparece en el libro de Daniel, llamada de varias maneras: *el cuerno pequeño* (7:8, 24-26); *el rey altivo de rostro* (8:23-25); *el príncipe que ha de venir* (9:26); *el rey voluntarioso y engreído* (11:36). Hay otras figuras asociadas a los tiempos del fin (el pastor inútil de Zacarías 11:17; las bestias subidas del mar y de la tierra, la bestia con siete cabezas y el falso profeta de Apocalipsis), pero es difícil saber cuáles de ellas pueden ser identificadas con el Anticristo.

117 *Cf.* Morris (1), pág. 145: *Esto es una advertencia contra la apresurada identificación de cualquier personaje histórico con el individuo así descrito. Es natural que de tiempo en tiempo aparezcan hombres descollantes por su maldad. Sin embargo, Pablo no está preocupado por estos, sino con el más infame de todos, aquel que aparecerá en los últimos días.*

sus fraudes que lograría *engañar, si fuera posible, aun a los escogidos* (Mateo 24:24).

* En este sentido, es de suma importancia entender que el Anticristo no vendrá oponiéndose abiertamente a Cristo, sino fingiendo ser Cristo él mismo. La gente lo seguirá no porque él se presente como alternativa o rival de Jesús, sino precisamente porque ellos creerán que él es Jesús. En realidad, se opondrá a Dios, pero lo hará imitando a Dios, haciendo ver que él es Dios encarnado (2:4).

* El espíritu de Anticristo, por tanto, es el contrario del de Cristo. El verdadero Mesías, *existiendo en forma de Dios, no consideró aprovecharse de ser igual a Dios, sino que se vació a sí mismo… haciéndose semejante a los hombres* (Filipenses 2:6-7). En cambio, el falso Mesías, existiendo en forma de hombre, quiere ser igual a Dios y se exalta a sí mismo. Jesús es humilde; el Anticristo se caracterizará por su soberbia.

* Hasta tal punto será el Anticristo imitador de Jesús que Pablo utiliza las mismas palabras, "manifestación" (1:7 y 2:3, 6, 8) y "advenimiento" ("venida" 2:1, 8 y 9), para describir la venida de ambos. Los dos tendrán su "apocalipsis" y su "parusía". Como Jesús, en su primera venida, vivió "clandestinamente" en Galilea durante muchos años antes de revelarse públicamente, así el Anticristo *estará en el mundo antes de salir al escenario público… y ser "manifestado"*.[118]

Pero dejemos estas consideraciones generales para volver a 2:3 y ver lo que Pablo dice explícitamente acerca de él en este versículo. Lo llama "hombre de iniquidad" o, literalmente, "hombre de anomia" u "hombre sin ley".[119] Hay una ligera diferencia entre estos

---

118   Stott, pág. 158. *Cf.* Morris (1), pág. 144: *"Sea manifestado" señala su existencia antes de su aparición.*

119   BP; RVA pie de página. Trenchard, pág. 40, parafrasea: *El hombre que prescinde de la ley de Dios;* y Leal, pág. 938: *Hombre que vive sin ley y se rebela contra la ley.*

conceptos,[120] entre la inmoralidad y la amoralidad, y debemos hacer justicia a ella. No es solamente que el Anticristo infrinja las leyes de Dios él mismo o enseñe a otros a hacerlo, aunque Pablo indica que ¡eso también!, porque este hombre es "el inicuo" (2:9), el que practica un engaño de iniquidad (2:10) y lleva a sus seguidores a la "injusticia" (2:12); sino que, además, el Anticristo rechaza la misma necesidad de que existan leyes. Es un hombre sin ley. Está en contra de toda legislación. En otras palabras, invitará a la gente a emanciparse de las ataduras de la voluntad de Dios expresada en mandamientos. Negará la diferencia entre el bien y el mal. Todo se volverá relativo. No admitirá que ningún valor sea tenido por absoluto.

Por supuesto, la gente recibirá esta idea como una gran emancipación. Dejarán de someterse a normas regladas de conducta y se volverán a tiempos de los jueces, cuando "cada uno hacía lo que bien le parecía" (Jueces 21:25). En Mateo 24:12, texto que acabamos de citar, Jesús asocia el enfriamiento espiritual al crecimiento de la "maldad", literalmente "la anomia". Dice que no solamente serán quebrantadas las leyes de Dios, sino que los mismos creyentes van a abandonar su ley como norma de vida, se volverán relativistas, empezarán a llamar "bien" al mal y, como consecuencia, amarán poco a Dios y a su pueblo.

Es lógico. Rechazar a Dios es negar también la validez de sus leyes y, finalmente, cuestionar la existencia de una moralidad que debe ser seguida por todos.[121] Sin embargo, la convivencia humana es imposible sin un mínimo de consenso moral. Es de suponer que, si, en la sociedad regida por el Anticristo, la ley de Dios es negada, el "hombre de iniquidad" impondrá sus propias normas de convi-

---

120   Es la diferencia entre los vocablos ingleses "illegality" y "lawlessness". A veces se emplean de una manera intercambiable, pero un acto "ilegal" es un quebrantamiento de la ley, mientras que una persona que es "lawless" rechaza la misma autoridad de la ley sobre ella.

121   *Cf.* Hogg y Vine, pág. 248: *Si el Anticristo niega la existencia del Legislador, no es probable que respete sus leyes.*

vencia. En este sentido, por supuesto, la sociedad occidental de hoy está preparando el terreno para su llegada.

Pero el Anticristo no solamente se llama "hombre de iniquidad" (u "hombre sin ley"), sino también *"hijo de perdición"*. Esta frase admite dos matices: (1) "el destructor por naturaleza",[122] o "el que trae destrucción";[123] (2) "el que está condenado a la perdición",[124] o "destinado a la destrucción". Casi todos los comentaristas prefieren la segunda opción. Señalan que "hijo de" es un semitismo que significa naturalmente "caracterizado por" o "destinado a", nunca "causa de".[125] Los "hijos de desobediencia" son hijos caracterizados por la desobediencia, y los "hijos de ira" son destinados a la ira de Dios (Efesios 2.2-3). Además, la misma frase, "hijo de perdición" es aplicada a Judas (Juan 17:12), no porque traía perdición a otros, sino porque él mismo iba directamente a la perdición.

Ya que el Anticristo se opondrá a Dios, a la ley de Dios, al Mesías de Dios y al pueblo de Dios, "el que habita en los cielos se reirá de ellos; Adonai los ridiculizará" (Salmo 2:4). Está abocado hacia la perdición eterna, a ser arrojado al lago de fuego y azufre y sufrir tormentos día y noche por los siglos de los siglos (Apocalipsis 20:10).

---

122   NVI. *Cf.* Green, pág. 324.

123   BVA. *Cf.* Pérez Millos, pág. 46: *Una persona concreta que lleva a cabo la obra de Satanás.*

124   DHH.

125   Véase, por ejemplo, Airhart, pág. 543; Bruce, pág. 1163; Cousins, pág. 501; Lacueva-Henry, pág. 327; Leal, pág. 938; Staab, pág. 78; Hogg y Vine, pág. 248: *Este semitismo a veces expresa carácter, a veces destino*; Morris (1), pág. 145: *Esto es un ejemplo de genitivo hebraizante… y significa "el que está condenado a destrucción".*

La estrategia del Anticristo

2 Tesalonicenses 2:4-5

Capítulo 9

Oposición a Dios (2:4a)

> *... el cual se opone y se levanta contra todo lo que es llamado Dios o es objeto de adoración...*

Pablo sigue con su descripción del Anticristo. Llama la atención que muchas de las palabras y frases que emplea proceden de textos del Antiguo Testamento. No sabemos qué partes de esta visión profética circulaban ampliamente en las iglesias del siglo I y cuáles procedían de una revelación especial a Pablo, pero está claro que todo arrancaba de los profetas del antiguo pacto, así como del propio Jesús.[126]

En primer lugar, dice el apóstol, el Anticristo "se opone y se levanta" contra la religión. Es decir, él es el "opositor",[127] el enemigo de Dios y de su pueblo, el agente de nuestro gran adversario el diablo

---

126   Comenta Morris (1), pág. 145: *No hay que deducir que Pablo esté simplemente reproduciendo conceptos de [Daniel]. La mente del apóstol está impregnada del lenguaje del Antiguo Testamento. Por lo tanto, es natural que use tal lenguaje en ocasiones como la presente.*

127   BJ traduce esta frase: *el Adversario que se eleva contra...*

(1 Timoteo 5:14).[128] No solamente es incrédulo él mismo, sino que "se levanta" contra Dios,[129] alzándose como paladín del ateísmo, fomentándolo entre otros. Además, el Dios cristiano no es el único objeto de su oposición, sino que lo es cualquier otra deidad,[130] y cualquier objeto considerado sagrado.[131]

Los tesalonicenses vivían en una ciudad repleta de templos de prácticamente todas las religiones importantes en aquel momento. Hacía pocas décadas se había celebrado la divinización de Octaviano, el emperador Augusto, y de su tío y padre adoptivo, Julio César. En la ciudad se alzaba un templo donde ambos eran adorados como dioses. Los primeros lectores de nuestra epístola estaban muy acostumbrados, por tanto, a toda una serie de "objetos de adoración" y también al concepto de la divinización de un mero hombre, de la cual la acción del Anticristo iba a ser la culminación.

Se ha demostrado que el verbo "levantarse" puede tener el matiz jurídico de promocionar legalmente su causa en detrimento de otros. En ese caso, es posible que el Anticristo utilice recursos legales para atentar contra otras religiones y para establecerse a sí mismo como el dios verdadero.[132] En todo caso, se trata de un hombre sumamente atrevido, seguro de sí mismo, soberbio y militante, verdadero cumplimiento de las profecías de Daniel. Se opondrá a Dios y a su ley (¡hombre sin ley!):

Hablará palabras contra [Dios], y quebrantará a los santos…
Intentará cambiar los tiempos y la ley (7:25).

---

128   *Cf.* Morris (1), pág. 145: *La palabra destaca la vinculación del "hombre de pecado" con su amo.*

129   El mismo verbo se traduce como "enaltecerse" en 2 Corintios 12:7.

130   La expresión "todo lo que es llamado Dios" es similar a la frase de 1 Corintios 8:5: *Hay los llamados dioses.*

131   Puntualiza Green, pág. 325: *La referencia a "todo lo que… es objeto de adoración" designa cualquier santuario, ídolo o personaje que reciba adoración. Cf.* Morris (1), pág. 146.

132   *Cf.* Green, pág. 325: *Si el vocablo mantiene su matiz legal, indica que el hombre de maldad recurre a medios legales para asegurar su posición.*

Se ensalzará a sí mismo hasta pretender ocupar el lugar de Dios en el afecto de la gente:

> *Aquel rey, pues, hará su voluntad, y se ensoberbecerá, y se en-grandecerá sobre todos los dioses,*[133] *y contra el Dios de los dioses proferirá cosas espantosas, y prosperará, hasta que sea consumada la ira, porque lo decretado se cumplirá. Del Dios de sus padres no hará caso… ni respetará a dios alguno, porque se engrandecerá a sí mismo por sobre todas las cosas* (11:36-37; cf. 8:9-11).

Sin embargo, lo que dice Pablo en 2:4 parece tener algo de con-tradictorio. ¿Cómo puede alguien aparentemente ateo (porque se opone no solamente al Dios verdadero, sino también a cualquier sistema religioso) admitir y querer que la gente le atribuya honores divinos y lo adore como objeto de culto? Si realmente es ateo, ¿no tendría que sentir repulsión ante la sola idea de ser considerado como Dios?

Ha habido varios intentos de resolver esta cuestión.[134] Por un lado, se propone que habrá una evolución progresiva en el reinado del An-ticristo, de forma que el principio no será igual que el final. El Anti-cristo *empezará* promulgando el ateísmo, burlándose de la religión y negando la existencia de Dios. Pero el ser humano, lo quiera o no, es un ser religioso. En el fondo, el ateísmo no satisface a nadie. Como consecuencia, vemos que, a lo largo de la historia de la humanidad, se ha repetido una y otra vez el mismo patrón: una época de increduli-dad, de rechazo a Dios y a la religión, causa un vacío espiritual que el hombre intenta llenar con toda clase de sectas y supersticiones, dando

---

133 Hogg y Vine, pág. 249, señalan el parecido entre el "lenguaje comprehensivo" de nuestro 2:4 y esta frase de Daniel.

134 Cevallos, pág. 139, dice sencillamente: *[El hecho de que el anticristo] se opondrá a Dios y a cualquier sistema religioso… no quiere decir que no sea religioso.*

lugar a un resurgir del afán religioso.[135] El humanismo optimista, iconoclasta, militante y confiado de los primeros momentos cede ante un humanismo pesimista, más reticente e inseguro. Al principio, todo es entusiasmo revolucionario. Después, empieza a cundir la desilusión, la gente murmura porque la prometida Utopía no ha llegado. Entonces, el demagogo de turno aprovecha la ocasión para hacerse con el poder. No solamente hay un resurgir religioso, sino la llegada de una política dura, centralizada e intolerante.[136] Así, la revolución francesa terminó con Napoleón, y la rusa con Stalin. Es posible que el Anticristo se sirva de este patrón, en cuyo caso no es improbable que sea ateo al comienzo y exija culto a sí mismo al final e, igualmente, que sea anárquico (anomia) al principio y totalitario al final.

Otra posibilidad, no incompatible con la primera, es que su oposición a Dios y a todo lo religioso sea lo que le motiva interiormente, pero que no necesariamente salga al exterior ni se revele abiertamente. Su intención será minar toda confianza en Dios, pero para hacerlo, se vestirá como ángel de luz como su maestro Satanás (2 Corintios 11:14). Como ya hemos sugerido, no se manifestará como enemigo del Mesías, sino como el Mesías mismo. No se revelará como claro enemigo del evangelio, sino como su cumplimiento, como la encarnación de Dios, el nuevo "Dios con nosotros". Si no fuera así, si hablara directamente como ateo opuesto a Dios, ¿sería posible que casi llegara a engañar a los elegidos (Mateo 24:24)? ¿Arrastraría a los cristianos tras sí? Sin duda, los poderes milagrosos que ostenta (2:9) serán utilizados por él como evidencia de su naturaleza divina, y la sutileza de su venida consistirá precisamente en esto: que aparentará ser el máximo cumplimiento de la obra de Dios cuando, en realidad, estará obrando para destruirla.

---

135   El último ejemplo quizás sea lo que ha pasado en la Europa Oriental: la caída de la Unión Soviética, oficialmente atea, dejó un vacío ideológico que ha provocado un retorno a las Iglesias Ortodoxas, un crecimiento asombroso de las Iglesias Evangélicas y una proliferación de las sectas.

136   George Orwell traza esta evolución desde la revolución democratizante hasta la dictadura implacable en su conocida alegoría (él mismo la llamaba un "cuento de hadas"), *Animal Farm* ("Rebelión en la granja"), del año 1945.

Rival de Dios (2:4b)

… hasta el punto de sentarse en el santuario de Dios, proclamándose que es Dios.

Al usurpar el lugar de Dios en el afecto del pueblo, dice el apóstol, el Anticristo "se sentará en el santuario de Dios". Esta frase ha dado lugar a toda clase de interpretaciones. Muchos dan por sentado que la referencia es al templo de Jerusalén, que estaba aún en pie cuando Pablo escribía. Como consecuencia, algunos (los que no dan mucho crédito al don profético de Pablo) suponen que Pablo estaba esperando una repetición de lo que había pasado en el año 40 d. C.: el emperador Calígula había intentado introducir su imagen en el templo y convertirlo en santuario para su propio culto como el "nuevo Zeus manifestado".[137] Aquella vez, el intento había fracasado y Calígula fue asesinado poco después. Pero, dicen, Pablo puede haber creído que el Anticristo utilizaría el templo de Jerusalén de la misma manera. Esta interpretación tiene al menos dos inconvenientes. Por un lado, significa que en realidad Pablo se equivocó. Aunque, años después, las legiones de Tito iban a introducir en el templo sus estandartes idolátricos (porque llevaban la imagen del "semidivino" emperador), nadie supondría que Tito era el Anticristo. Por otro lado, es cuestionable que los tesalonicenses, en su mayoría gentiles, hubieran captado la referencia al templo de Jerusalén, residuo de la vieja religión judaica.

Otros,[138] en cambio (los que toman en serio la visión profética de Pablo, pero piensan que se refiere al templo físico de la antigua dispensación), suponen que, puesto que el templo fue destruido en el año 70 d. C., el Anticristo no puede revelarse antes de que sea reconstruido, lo cual añade un factor más al programa de eventos que deben ocurrir antes de la parusía: la nueva edificación del templo, la

---

137   Véase Green, pág. 326; Stott, págs. 163-164.

138   Por ejemplo, Cevallos, pág. 139; Fickett, págs. 136-138; Hogg y Vine, págs. 251-252; Ironside, pág. 80; Jamieson, Fausset y Brown, pág. 547; Lacueva, en Lacueva-Henry, pág. 328; Ryrie, pág. 83; Stevens, pág. 521; Trenchard, pág. 41.

apostasía y la manifestación del Anticristo. Puede ser. Otros de ellos piensan que él hará colocar en el templo reconstruido una imagen de sí mismo para que la gente la adore.[139] También es posible.

Aun otros[140] creen que el templo no es el de Jerusalén, sino otro edificio religioso (¡como, por ejemplo, el Vaticano!), que el Anticristo convertirá en su sede y donde se sentará en su trono, o quizás se trate de una expresión metafórica. Lo que va en contra de esta interpretación es que el texto habla con toda claridad de "el santuario *de Dios*", es decir, el templo. Este término se emplea en las Escrituras solamente para referirse literalmente al templo de Jerusalén o simbólicamente a la Iglesia.

Por eso, prefiero otra interpretación. Los apóstoles, entre ellos Pablo, entendían claramente que, después de la venida de Jesucristo, el verdadero templo de Dios no era el de Jerusalén, sino la Iglesia:[141] un templo no hecho de manos, sino aquel santuario espiritual del cual Jesús es la piedra angular y los apóstoles y profetas son los cimientos, y en el cual los creyentes son incorporados como piedras vivas (1 Pedro 2:4-6). En la nueva dispensación, la Casa de Dios somos nosotros, los discípulos de Jesús. De hecho, Pablo nunca emplea la frase "templo de Dios" excepto en este sentido figurado. Por tanto, es mucho más probable que esta frase signifique que el Anticristo ocupará aquel puesto de autoridad y adoración en la Iglesia que pertenece propiamente al mismo Mesías.[142] El Anticristo logrará infiltrarse en la cristiandad y usurpará el "trono", la autoridad, porque se hará pasar por Cristo, Dios hecho hombre.[143]

---

139   En cambio, Morris (2), pág. 223, apunta el contraste entre una estatua y lo que dice nuestro texto: *No se contempla al hombre de iniquidad levantando una imagen de sí mismo, sino tomando su asiento en persona.*

140   Por ejemplo, Airhart, pág. 545; Bruce, pág. 1163; Cousins, pág. 501; Ewert, pág. 1091; Marshall, pág. 192; Morris (2), pág. 224; Stott, pág. 160; Weima, pág. 887.

141   Por ejemplo, véase 1 Corintios 3:16; 2 Corintios 6:16; Efesios 2:19-22.

142   Esta interpretación se remonta al menos a San Juan Crisóstomo. Véase Leal, pág. 938.

143   NVI parece apoyar una lectura no literal de esta frase al traducir "sentarse en el templo" como "adueñarse del templo".

Es posible que la razón por la cual Pablo emplea aquí un lenguaje figurado ("sentarse", "templo"), que parece exigir una interpretación física y literal, sea que está expresando un concepto espiritual en términos de profecías del Antiguo Testamento. En varias ocasiones, los profetas denunciaron a diferentes personajes históricos a causa de sus pretensiones divinas y por intentar ocupar el trono que solamente pertenece a Dios. Estas figuras sirven, por tanto, como anticipos del Anticristo venidero. Además de las profecías de Daniel, tenemos el caso de Isaías, que se dirige al rey de Babilonia, acusándole de aspirar a ser como Dios y ocupar su lugar:

Tú que, a causa del acto traidor, dijiste dentro de ti: Subiré a los cielos, junto a las estrellas de Dios haré levantar mi trono, y me sentaré en el monte de la asamblea, subiré sobre las altas nubes... y me haré semejante a Elyón (Isaías 14:13-14).

O Ezequiel, dirigiendo acusaciones similares al "príncipe de Tiro":

Por cuanto se enalteció tu corazón, y dijiste: Yo soy Dios, y en el trono de Elohim estoy sentado en medio de los mares. Pero tú eres hombre y no Dios, aunque has puesto tu corazón como el corazón de Elohim... Por tu sabiduría e inteligencia adquiriste riquezas... por tu conocimiento superior multiplicaste tus riquezas a través de tus contrataciones, y a causa de tus riquezas se enalteció tu corazón. Por tanto, así dice Adonai Yahweh: Por cuanto pusiste tu corazón como el corazón de Elohim, he aquí... al sepulcro te harán descender, y morirás con la muerte de los traspasados en medio de los mares. ¿Porfiarás en decir: Yo soy Elohim, en presencia de quien te mata? Porque en presencia del que te traspasa, tú eres hombre y no Dios (Ezequiel 28:2-9).

Observemos también que tanto el príncipe como el Anticristo están destinados a sufrir la misma suerte: ser matados, traspasados (ver 2:8).

También debemos notar que esta interpretación encaja perfectamente con la apostasía que Pablo acaba de mencionar: la Iglesia abandonará su lealtad a Jesucristo e irá tras el falso Mesías; el hombre de iniquidad usurpará la posición legítima de Jesús.[144]

En todo caso, el Anticristo va a establecer un culto centrado en sí mismo y esperará que todos le rindan adoración. No se conformará con la máxima posición política, sino que se otorgará a sí mismo el puesto supremo de toda la jerarquía universal, por encima no solamente de los demás hombres, sino de todos los poderes ocultos: declarará que es Dios.[145] Para ello, hará una "proclama" de sus pretensiones.[146] Es la máxima expresión de la egolatría. No hay nada nuevo bajo el sol. La historia humana comienza con la caída del hombre ante la tentación de "ser semejante a Dios" (Génesis 3:5) y llegará a su conclusión con la gente rindiendo culto divino a un hombre que se ha exaltado a sí mismo hasta intentar ocupar el trono de Dios.[147]

Así pues, hemos de recibir bien la advertencia. Debemos esperar la manifestación de alguien que tendrá toda la apariencia del Mesías. Hará poderosas señales como los hacía Cristo (2:9). Atraerá masivamente a aquellos supuestos cristianos que no están realmente comprometidos con la fe que profesan tener (2:10). Ocupará el lugar del Mesías en la devoción de ellos y pretenderá ser Dios mismo encarnado. Será una auténtica falsificación de nuestro Señor.

Pero, detrás de estas apariencias, su verdadera intención será la destrucción de la obra de Dios. Arrastrará a los cristianos tras sí con la finalidad de llevarlos a todos a la perdición (2:10-12).

---

144   El lenguaje aparentemente físico y literal del texto puede deberse a que Pablo se hace eco aquí de las profecías de Daniel.

145   *Cf.* Morris (2), pág. 222: *No contento con la más elevada posición política, insistirá en ocupar el lugar reservado por toda la humanidad para el objeto supremo de adoración. Exigirá la veneración religiosa… No admitirá rivales de ninguna clase.*

146   *Cf.* Stott, págs. 160-161: *El verbo "apodeiknymi" se emplea a menudo para indicar la proclamación de un soberano en el momento de su accesión al trono.*

147   *Cf.* Trenchard, pág. 41: *El "ateo" ya se hace "dios", y la primera tentación "vosotros seréis como Dios" llega a su consumación.*

Recordatorio (2:5)

¿No recordáis que estando aún con vosotros os decía estas cosas?

Con esta pregunta, volvemos a lo que ya hemos comentado: que los creyentes de Tesalónica ya habían escuchado de labios del apóstol una amplia enseñanza sobre estas ideas, enseñanza que nosotros desearíamos tener a nuestra disposición. Y lo habían hecho en más de una ocasión: El uso del tiempo imperfecto (*decía*) indica una acción repetida: *acostumbraba deciros*.

Algunos comentaristas[148] suponen que esta pregunta de Pablo tiene una finalidad de censura o de "amonestación suave" a causa del olvido de los tesalonicenses. Es posible. Sin embargo, también lo es que Pablo no tuviera la intención de reprenderlos, sino que, más bien, de referirles sus enseñanzas pasadas a fin de evitar tener que ponerlas por escrito. Hablar de un futuro líder político-religioso, aunque fuera en términos negativos, podía ser peligroso en el Imperio Romano.[149]

¡Qué fácil nos resulta olvidarnos de lo que hemos aprendido y, por tanto, ser presa fácil para los que quieren introducir nuevas doctrinas! Por eso, hay un constante énfasis en las epístolas a los Tesalonicenses sobre la necesidad de traer a la memoria lo ya aprendido y a recordar el pasado.[150]

Y notemos otro pequeño detalle. Hasta aquí, la carta ha empleado la primera persona del plural: "nosotros", haciendo referencia al equipo misionero de Pablo, Silas y Timoteo. Pero, ahora, el apóstol "se desmarca" de sus compañeros, utilizando el singular: *os decía*, en vez de *os decíamos*. Él, personalmente, les había impartido estas

---

148   Por ejemplo, Airhart, pág. 545; Cousins, pág. 501; Erdman, pág. 85.

149   *Cf.* Hogg y Vine, pág. 253: *Al haber tratado el tema durante su estancia en Tesalónica, podía evitar la necesidad de poner por escrito ciertas afirmaciones que, si la carta hubiera caído en manos de sus enemigos vigilantes, podrían haber expuesto a los convertidos a acusaciones de intrigar contra el gobierno.*

150   Véase 1 Tesalonicenses 1:5; 2:1, 2, 5, 9, 11; 3:3, 4; 4:1, 2; 5:1, 2; 2 Tesalonicenses 2:5; 3:7, 10.

enseñanzas. Sí, él, que había recibido del Señor la autoridad docente del apostolado.

El Anticristo frenado
2 Tesalonicenses 2:6-7

Capítulo 10

Sabéis lo que lo detiene (2:6)

Y ahora sabéis lo que lo detiene, a fin de que sea revelado a su propio tiempo.

Dios es el Señor soberano de la historia. Todo está bajo su providencia. No siempre entendemos lo que está pasando. A veces parece que él ha perdido el control y que todo se está hundiendo. Sin embargo, las Escrituras nos enseñan que incluso las más terribles atrocidades cometidas por los hombres caen dentro de los designios eternos de Dios. Aun la maldad humana servirá finalmente para su gloria (Salmo 76:10).

Dios no solamente sabe todo lo que va a pasar. En un sentido profundo, y sin hacer ninguna violencia a la entidad, responsabilidad y culpabilidad humanas, él lo *determina*. Mientras estemos en esta vida, nunca entenderemos bien cómo esto puede ser, cómo es posible que nosotros actuemos con libertad y tomemos decisiones que comportan consecuencias para bien o para mal y que, sin embargo, todo lo que hacemos "ya esté escrito" en los anales divinos. Nuestra propia experiencia diaria nos indica que tenemos entidad verdadera; que no somos meros títeres manipulados y controlados desde fuera; que podemos y debemos tomar iniciativas; y que somos responsables por nuestras acciones. Pero las Escrituras nos revelan que no podemos hacer nada que sorprenda a Dios o que atente contra sus planes soberanos.

El creyente, por tanto, sabe que el Anticristo no puede alterar los designios de Dios, sino que forma parte de ellos. Dios ya ha escrito el texto. Además, lo ha revelado a sus hijos para que, cuando el gran enemigo se manifieste y cuando el "misterio de la iniquidad" llegue a su apoteosis, no seamos desconcertados ni perturbados, ni pensemos que Dios ha perdido el control de la situación.

En otras palabras, no debemos considerar que el poder del diablo que actúa en el mundo tenga la misma entidad que el poder de Dios. Otras religiones predican que hay dos fuerzas iguales en el universo, el bien y el mal, que están en permanente lucha entre sí. Pero esta no es una idea cristiana. No vivimos en medio de una lucha entre iguales cuyo desenlace es desconocido. El mal, lejos de ser equiparable al bien, es un mero instrumento en manos de aquel que está conduciendo todas las cosas al triunfo final de sus propósitos bondadosos. Dios está por encima de todo. Esto debe ser motivo de enorme consuelo para el creyente que se encuentra en medio de la persecución, el terror o el martirio. Y habrá de ser su soporte cuando se manifieste el hombre de pecado.

En los versículos que tenemos por delante, la soberanía de Dios en la historia es incuestionable. El apóstol está hablando de eventos futuros (la revelación del Anticristo "en el tiempo suyo") a la luz de la situación presente (la actuación y el desarrollo del misterio de la iniquidad). El solo hecho de poder hablar en estos términos presupone que Dios controla las riendas de la historia. Él determina los tiempos y ya ha establecido el momento de la manifestación del hombre de iniquidad. En última instancia, él es también quien frena y detiene el avance del mal en el mundo. Sin embargo, es obvio que Pablo no está hablando aquí de Dios mismo como causa final, sino de aquellos instrumentos (o causas secundarias) de los cuales él se sirve para llevar a cabo sus propósitos: ¡desde luego, Dios no va a "ser quitado de en medio"! (2:7). La dificultad de estos versículos consiste, pues, en determinar cuáles son estos "instrumentos".

"Y ahora", dice Pablo, "sabéis lo que detiene al Anticristo". Es probable que el "ahora" se deba relacionar con el detenimiento del Anticristo más que con el conocimiento de los tesalonicenses. No significa: "Ahora mismo vosotros sabéis", sino: "Vosotros sabéis lo que lo detiene *ahora*".[151] Es decir, en este momento, algo (2:6) o alguien (2:7) está impidiendo la manifestación del hombre de iniquidad.

Sin embargo, aquí está precisamente nuestra dificultad: los tesalonicenses lo sabían, ¡pero *nosotros*, no! Ellos habían escuchado las explicaciones anteriores del apóstol (2:5), y podían identificar a lo que se refería, por lo cual él no necesitaba ser más explícito. Nosotros, en cambio, solo podemos conjeturar su significado. Nos falta información. Por tanto, debemos extremar la precaución y evitar cualquier tendencia al dogmatismo.

Ya en el siglo IV, Agustín manifestó su perplejidad en cuanto a este versículo: *Confieso francamente que no sé lo que el apóstol quiso decir*,[152] y desde entonces ha habido un sinfín de posibles explicaciones ofrecidas por los comentaristas. Dejaremos de lado algunas de las más extravagantes y nos limitaremos a las que parecen más probables.

Como nota previa, recordemos lo que ya hemos dicho: que Pablo oscila entre palabras neutras y masculinas en estos versículos. Aquello que está siendo detenido es a la vez una persona y una cosa (un poder, una institución o un principio): en el versículo 6, la referencia es al "hijo de perdición"; en el 7, al "misterio de la iniquidad". Igualmente, aquello que efectúa el detenimiento es a la vez personal e impersonal: en el versículo 6, el género es neutro:

---

151   *Cf.* Green, pág. 371, nota 1126; Hendriksen, pág. 207; Leal, pág. 939; Morris (1), págs. 146-147.

152   Citado por Staab, pág. 80; Stott, pág. 168. Véase también Hendriksen, pág. 209.

"lo que lo detiene"; en el 7, masculino: *quien* lo detiene. Esto sugiere que tanto lo detenido como lo que lo detiene deben ser entendidos en términos tanto personales como impersonales. Las dos personas en cuestión son manifestaciones supremas de principios impersonales que se están desarrollando en el mundo.[153] En cuanto a la maldad, no es difícil identificar a la persona y el principio, porque Pablo habla explícitamente de ellos: la persona es el Anticristo, y el principio, el "misterio de iniquidad"; el Anticristo es la máxima expresión de este misterio. La controversia se centra más bien en la interpretación de la persona y el principio que *frenan* el mal.

Algunos han creído que se trata de una figura apocalíptica. Por ejemplo, se ha identificado con el "ángel del abismo" que desciende del cielo en Apocalipsis 20:1-3 y ata al diablo por mil años, "deteniéndolo" así. Puede ser. Lo que ocurre es que este pasaje, escrito en lenguaje apocalíptico, es aún más difícil de interpretar que Tesalonicenses y, por tanto, no ayuda mucho a esclarecer las palabras de Pablo.

Otros, muchos de ellos comentaristas de tendencia liberal, pero sin excluir a algunos evangélicos,[154] ofrecen una interpretación relacionada con la política del siglo I.[155] El Imperio Romano constituyó un impedimento para la maldad, como Pablo mismo enseñaba y como él mismo sabía por experiencia al haber sido liberado de la furia del populacho en distintas ocasiones por la intervención de la justicia imperial. Según el apóstol, las autoridades seculares, aun las paganas, han sido constituidas por Dios precisamente para

---

153   *Cf.* Stevens, pág. 521: *El neutro en 2:6 denota el poder o el principio; el masculino en 2:7, una personalidad a la cabeza de aquel poder; por lo menos esta es "a priori" la sugerencia más natural.*

154   Por ejemplo, Barclay, pág. 254, Bruce, pág. 1163, Jamieson, Fausset y Brown, págs. 547-548, Stevens, pág. 521.

155   Algunas interpretaciones de este tipo llegan a ser muy detalladas e incluso fantasiosas. Por ejemplo, el hombre de pecado es el emperador Nerón y quien lo detiene es Claudio. Pero esta interpretación supone que 2 Tesalonicenses es de fecha tardía. Según nuestra datación de la epístola, en el momento de su redacción, Nerón era un joven de unos 12 años de edad. Véase Hendriksen, pág. 210; Morris (1), pág. 147.

frenar el mal (Romanos 13:3-4). Las fuerzas del orden público son los que detienen el misterio de la iniquidad. Esta interpretación encaja bien con el carácter personal e impersonal del detenimiento: Pablo estaría hablando simultáneamente del Imperio Romano y del emperador.

Estos comentaristas suponen que, aunque Pablo está hablando positivamente de ellos, tiene que extremar la precaución a causa del carácter delicado del tema y prefiere emplear términos velados para no comprometer a sus lectores. A fin de cuentas, si esta interpretación es correcta, él va a afirmar que el Imperio no durará para siempre, sino que será quitado (2:7), una idea peligrosamente subversiva. Y no olvidemos que Pablo ya había sido acusado de subversión en Tesalónica (Hechos 17:7).

Sin embargo, aunque esta idea tiene aspectos atractivos, no me convence. Por un lado, la historia demuestra que, en muchos momentos, los emperadores y los sistemas políticos del Imperio, lejos de frenar el mal, lo fomentaron activamente. Llegaron a ser perseguidores de la Iglesia y a oponerse a Dios, adquiriendo rasgos alarmantes del "misterio de iniquidad". Es cierto que Dios, en su soberanía, pudo servirse puntualmente de ellos para detener el avance del mal, pero, entonces, quien detenía era Dios mismo, utilizando la política humana como instrumento para sus propósitos. Pero lo que, a mi juicio, desmonta esta interpretación (al menos, para los que creemos en la inspiración divina del texto) es que el Imperio Romano desapareció hace muchos siglos (¡a no ser que consideremos la sociedad occidental como extensión suya!) sin que viniera a continuación la manifestación del Anticristo.[156]

Más aceptable me parece la idea de que no se trata del Imperio Romano ni del emperador en sí, sino del principio de ley y orden que hay detrás del gobierno humano y que estaba representado

---

156   *Cf.* Morris (1), pág. 148: *El Imperio Romano hace ya largo tiempo que no existe, mientras que el Anticristo no ha hecho todavía su aparición.*

en aquel momento por el emperador.[157] Aun los peores gobiernos suelen aprobar el principio de la legalidad y establecer un sistema de controles sociales por medio de leyes y castigos. En Romanos 13, Pablo no habla explícitamente del "Imperio Romano", sino de "las autoridades gobernantes que existen" en cualquier momento determinado. Y allí enseña claramente que todo gobierno humano, aun aquel que persigue a la iglesia, ha sido constituido por Dios y existe para frenar el mal en la sociedad.

Lo más interesante de esta interpretación es que enlaza directamente con la idea del Anticristo como "hombre de iniquidad" (2:3). Ya hemos visto que esta frase tiene la fuerza de "hombre sin ley", y, siendo así, casi cae por su propio peso que lo que tiene que detener la aparición del Anticristo es la presencia de un "gobierno con ley". No puede haber compatibilidad alguna entre una sociedad organizada en torno a la legalidad y un hombre que rechaza todo concepto de legalidad. Además, debemos comprender que el "misterio de la iniquidad" del que Pablo habla en 2:7 es también más exactamente "misterio de la anomia" o del rechazo de la ley, mientras que el "inicuo" de 2:9 es el que practica "anomia", el hombre sin ley. Los tres vocablos tienen la misma raíz en griego. Todos tienen que ver con la ley, con el rechazo de la legalidad.

A partir de finales del siglo XIX, algunos comentaristas dispensacionalistas propusieron una interpretación radicalmente diferente: que "el que lo detiene" es el Espíritu Santo, el cual, según ellos, será "quitado de en medio" en el momento del rapto de la Iglesia.[158] Nuevamente, hemos de decir que cabe esta posibilidad, aunque

---

157   Para una excelente defensa de esta interpretación, véase Stott, págs. 169-170. La siguen autores como Airhart, págs. 546-547; Cousins, pág. 501; Morris (1), pág. 148; (2), págs. 226-227; Hendriksen, pág. 209: *el poder del bien ordenado gobierno humano, el principio de la legalidad contrapuesto al de la ilegalidad*; Hogg y Vine, págs. 259-261; Jamieson, Fausset y Brown, pág. 547: *la influencia moral y conservadora de los Estados políticos, la estructura del proceder humano como poder coercitivo.*

158   Véase, por ejemplo, Ironside, págs. 82-83; Lacueva en Lacueva-Henry, pág. 329; MacDonald, págs. 1027-1028; Mahan, pág. 39; McGee, pág. 120; Pérez Millos, pág. 55; Ryrie, págs. 86-88; Wiersbe, pág. 126.

resulta extraño que, a lo largo de 1900 años, nadie la hubiera percibido. Sin embargo, el lenguaje de 2:7 no parece muy adecuado para referirse al Espíritu. La frase "quitar de en medio" es fuerte, dando a entender la idea de eliminación.[159] Y el hecho de la desaparición de la tierra de todas las personas llenas del Espíritu no implica necesariamente la desaparición del Espíritu mismo.[160] En ningún lugar de las Escrituras se nos enseña que la actividad del Espíritu en del mundo se limita a su morada en la vida de los creyentes y, por tanto, tampoco hay base para pensar que él vaya a ausentarse del mundo a partir del rapto.

Afín a esta última idea, pero, a mi juicio, más ajustada al lenguaje del texto y al resto de la revelación bíblica, es la idea de que lo que frena el avance del misterio del mal es la presencia de la Iglesia en el mundo. Esta enlaza con la visión bíblica de los creyentes como sal y luz (Mateo 5:13-16), proporcionando una influencia sanadora y salvadora en el mundo. Cuando la Iglesia sea arrebatada ("quitada de en medio"), entonces aquello que frenaba el mal desaparecerá. Esto también puede ser cierto, ¿pero es a esto a lo que Pablo ser refiere? ¿Constituye la Iglesia un freno suficientemente eficaz como para impedir el avance del mal? Me parece un tanto cuestionable. Si la Iglesia fuera arrebatada hoy, la impresión es que la sociedad seguiría igual que antes.[161]

---

159   Hendriksen, pág. 209, es tajante al respecto: *Algunas interpretaciones muestran su error aun a simple vista... Dios o el Espíritu Santo no son "quitados de en medio". Cf.* Bruce, pág. 1163; Morris (2), pág. 229: *Es imposible imaginar que el Espíritu sea "quitado de en medio". Tal idea no aparece en las Escrituras;* Hogg y Vine, págs. 258-259 (*cf.* Cousins, pág. 501): *Esta interpretación carece de apoyo en el resto del Nuevo Testamento... Tampoco se sugiere en otro lugar que el Espíritu Santo vaya a dejar la tierra cuando los santos sean arrebatados... Sin embargo, esta interpretación requiere no solamente que el Espíritu cambie la forma de sus operaciones, sino que abandone el mundo por completo.*

160   Sin embargo, Ironside, pág. 83, asevera: *Cuando su obra esté completa, [el Espíritu] ascenderá junto con la iglesia.*

161   Stott, pág. 169, aduce dos argumentos más en contra de esta interpretación: (1) ¿Por qué necesita Pablo escribir acerca del Espíritu y la Iglesia en términos tan enigmáticos? (2) *La idea de que la Iglesia sea "quitada" antes de la rebelión significaría que ella no estaría presente para recibir a Cristo en su retorno.*

Después de tantas posibles interpretaciones y matizaciones, ¿en qué quedamos? Hoy por hoy, predominan dos lecturas: los dispensacionalistas piensan que "lo que detiene" es la presencia de la Iglesia en el mundo y que "quien detiene" es el Espíritu Santo. La mayoría opina que se trata de la legalidad, encabezada por el gobernante que ostenta el poder en un momento determinado, instrumentos en manos de Dios para detener la anomia del hombre sin ley. Puesto a elegir entre estas dos opciones, me decanto ligeramente a favor de la segunda, aunque reteniendo "en reserva" la primera. Pero suscribo la opinión de los que se dan por vencidos.[162]

Admitiendo, pues, nuestro entendimiento limitado, volvamos ahora al texto mismo para ver lo que tiene que enseñarnos. En 2:6, Pablo establece dos grandes hechos. Uno es que el Anticristo tiene un "tiempo suyo" designado por la providencia divina, un tiempo en que Dios permitirá que actúe a sus anchas sin impedimentos. Como ya hemos dicho, es importantísimo que los creyentes entendamos esto para que, cuando ocurra, no nos angustiemos pensando que Dios ha perdido el control de la situación. Él es quien determina los tiempos y les pone límites.[163]

El otro es que, en la actualidad, algo está frenando la manifestación prematura del hombre de iniquidad hasta que llegue el tiempo divinamente ordenado. Los tesalonicenses sabían lo que era este "algo". Nosotros solo podemos especular. Pero, sin duda, aún más importante que la definición correcta de "lo que lo detiene" es saber que, de momento, el Anticristo está siendo detenido. Demos gracias a Dios, pues, porque estamos viviendo en tiempos de relativa legalidad y orden social, en los cuales el testimonio de la Iglesia puede extenderse sin excesivos impedimentos.

---

162   Por ejemplo, Erdman, págs. 85-86: *La clave del enigma se ha perdido; no podemos ser dogmáticos*; Morris (2), pág. 227: *No disponemos de medios para recuperar el significado [de este texto]. Es mejor reconocer abiertamente nuestra ignorancia*; Trenchard, pág. 41: *"Lo que detiene" y "el que detiene" no han sido identificados satisfactoriamente nunca.*

163   *Cf.* Morris (1), pág. 149: *La afirmación de que el hombre de pecado será revelado "a su debido tiempo" muestra que se considera a Dios como el que ejerce completo control del proceso... Pablo claramente piensa en el tiempo como estando en manos del Padre.*

El misterio de la iniquidad (2:7)

Porque ya energiza el misterio de la iniquidad. Sólo al presente hay quien lo detiene, hasta que se quite de en medio.

En 2:7, el apóstol establece tres verdades adicionales. En primer lugar, aquel principio de mal, del cual el Anticristo será la expresión máxima, ya es operativo.[164] Aunque la plena manifestación queda para el futuro, debemos esperar toparnos con brotes menores de este mal en nuestra vida presente. Como ya hemos visto, en algún día futuro vendrá *el* Anticristo, pero ya actúan en el mundo muchos pequeños anticristos (1 Juan 2:18-19).[165]

En la Biblia, la palabra "misterio" suele referirse no tanto a algo "misterioso" que no podemos entender, sino a algo que no entenderíamos si no nos hubiera sido revelado por Dios. En este sentido, el evangelio es un misterio, el misterio de la salvación, el misterio de Cristo, el misterio de la piedad (1 Timoteo 3:16). Pero las Escrituras revelan que hay otro "misterio" de signo opuesto: el misterio de Satanás, del maligno, del pecado, del Anticristo.[166] De la misma manera que la historia de la salvación tiene un largo desarrollo, así también opera en este mundo el desarrollo del misterio de la iniquidad. Dios da su ley y Satanás intenta destruirla. Dios revela el evangelio de Jesucristo y el maligno intenta cegar a los hombres para que no les llegue esta luz. El misterio del mal actúa de diferentes maneras en distintas generaciones y culturas. Pero no cesará de desarrollarse mientras haya proclamación del evangelio. Incluso podemos sospechar que, cuanto más rige la anarquía moral y el desprecio de la ley

---

164 *Cf.* Stevens, pág. 522: *Evidentemente, el "misterio de la iniquidad" [es] el principio interior, animador de aquello que en su personificación es designado anteriormente como "hombre de iniquidad".*

165 *Cf.* Morris (1), pág. 149: *Esta fuerza del mal ya está operando en el mundo, pero no podrá alcanzar su consumación hasta que el poder restrictivo sea quitado de en medio.*

166 Comenta Ewert, pág. 1091: *A no ser que Dios abra nuestros ojos, no podemos ver la maldad tal y como realmente es.*

de Dios en el mundo, tanto más cerca estamos de la manifestación del hombre sin ley.

Por supuesto, en nuestro testimonio entre los incrédulos, descubrimos que es tan difícil demostrarles la existencia del diablo como la existencia de Dios. Para ellos, tanto el evangelio de Jesucristo como la operación del mal son "misterios" todavía encubiertos. Pero si el creyente, que acepta el misterio de Cristo, se ciega ante el de la iniquidad, se coloca en gran peligro. Hemos dicho que de ninguna manera el diablo es equiparable con Dios. Él es una mera criatura que, muy a su pesar, no puede dejar de actuar dentro del marco de la providencia divina. Pero no por eso debemos despreciar sus operaciones. Tenemos un enemigo mucho menos poderoso que Dios, pero mucho más poderoso que nosotros. Él actúa constantemente para hacer prevalecer el misterio de la iniquidad en el mundo.

> *Antes de que [el Anticristo] se revele abiertamente, la anomia que él encarna está operando secretamente... Detectamos su influencia subversiva alrededor nuestro en el día de hoy: en el ateísmo del humanismo secular, en las tendencias totalitarias de las ideologías extremistas de izquierdas y de derechas, en el materialismo de la sociedad de consumo que pone las cosas en el lugar de Dios, en aquellas supuestas "teologías" que proclaman la muerte de Dios y el final de los valores absolutos, y en la permisividad social que devalúa la santidad de la vida humana, el sexo, el matrimonio y la familia, todos los cuales fueron creados e instituidos por Dios.*[167]

Este misterio, que es instrumento en manos del maligno, se opone radicalmente al evangelio y a los valores morales y espirituales del reino de Dios: *Se opone y se levanta contra todo lo que es llamado Dios* (2:4). Proclama que toda idea de Dios es infantil; que el ser humano, "llegado a la madurez", no necesita apoyarse en la muleta de la

---

167   Stott, pág. 171.

religión de generaciones anteriores; que el hombre se basta ahora a sí mismo, puede prescindir de Dios y emanciparse de las ataduras de su ley.

Y el rechazo de la legalidad es, precisamente, la otra gran característica del misterio de la iniquidad. No solamente se opone a Dios y al evangelio, sino también a la ley de Dios. Cuando el hombre rechaza a Dios, rechaza también el conocimiento de aquel que establece la base de conceptos como la justicia, la verdad o el amor. Como consecuencia, pierde el norte. Ya no tiene valores firmes. El hombre sin Dios viene a ser el hombre sin ley.

En segundo lugar, dice Pablo, este proceso de malignidad que se está desarrollando en el mundo tiene una limitación: de momento hay quien lo frena. Ya hemos considerado las posibles opciones en cuanto a quién puede ser esta persona, aun reconociendo que la frase es oscura. Y, en tercer lugar, el apóstol establece que vendrá el día en que este freno será quitado. Entonces, la sociedad humana entrará en una espiral de desorden, anarquía y desenfreno (¡y apostasía, según 2:3!), preludio de la revelación del Anticristo.

Así pues, aunque no podamos aseverar con plena certeza quién o qué, bajo la soberanía de Dios, está deteniendo la revelación del Anticristo, sí podemos y debemos entender estas dos ideas principales: (1) el misterio de anomia e iniquidad ya está operando en el mundo en el que vivimos, y (2) algo y alguien están refrenando temporalmente que esta operación llegue a su manifestación suprema:

> *Dos procesos ya se están desarrollando simultáneamente. Por un lado, el poder secreto de la anomia está operando subrepticia y subversivamente. Por otro, la influencia restrictiva también opera, impidiendo que el espíritu secreto de rebeldía estalle en rebelión abierta. Solamente cuando este control sea quitado, ocurrirán primero la revuelta y luego la parusía.*[168]

---

168   Stott, pág. 168.

Y, más allá de estos dos procesos, está el control soberano de Dios:

Si los lectores modernos no pueden identificar con certidumbre al que restringe, sí se pueden regocijar con la verdad más amplia de que Dios tiene el control soberano de su mundo. Él fija los límites de la maldad.[169]

Ninguna persona malvada, sea Satanás, el hombre de iniquidad o cualquiera otra persona, puede pasar más allá de las fronteras establecidas por Dios. El hombre de iniquidad será revelado solamente cuándo y cómo Dios lo permita. No debemos pensar que puede actuar con completa independencia. En todo este pasaje domina la idea de la soberanía de Dios. La maldad es poderosa, y crecerá en poder en los últimos tiempos, pero la mano de Dios está sobre el proceso. La maldad no podrá extralimitarse. Los designios de Dios, no los de Satanás o los de sus satélites, se verán finalmente como victoriosos.[170]

---

169   Airhart, pág. 547.
170   Morris (2), pág. 227.

El Anticristo revelado

2 Tesalonicenses 2:8-10a

Capítulo 11

La revelación del inicuo (2:8)

Entonces será manifestado el inicuo…

Después del paréntesis de 2:6-7, en el que Pablo nos explica el detenimiento del misterio de la iniquidad, volvemos al tema de la parusía del Anticristo (*cf.* 2:3-4).[171] En la actualidad está retenido, pero entonces, en el tiempo designado por Dios, "será manifestado", es decir, tendrá su "apocalipsis".[172] Como Jesucristo estuvo "escondido" en Nazaret hasta los treinta años de edad y luego apareció en del escenario público al ser bautizado en el Jordán, así también el Anticristo estará presente en el mundo, pero de manera clandestina, hasta llegar "el tiempo suyo" (2:6). Este momento, como acabamos de ver, vendrá cuando "sea quitado de en medio" aquel que detiene el "misterio de la iniquidad".

---

171 Stevens, pág. 522, señala la belleza literaria de este pasaje: *El lenguaje de Pablo se eleva, cuando esta visión se abre delante de él, a una sublimidad majestuosa de la poesía hebrea. El paralelismo y la plenitud retórica de dicción, el ritmo y la imaginación de este breve tramo profético reflejan la exultación con la cual él ve, como si estuviera cerca, la rápida destrucción de esta personificación maligna y terrible del pecado.*

172 Puntualiza Green, pág. 332: *El verbo que describe su venida denota que el velo se quitará para que él se revele a todos… Este versículo y los versículos 3 y 6 son los únicos textos en la literatura paulina donde este verbo se aplica a una figura que no es Dios.*

Pablo emplea ahora el término "el inicuo" para referirse al Anticristo. Por supuesto, es otra forma de decir "hombre de iniquidad"[173] y, nuevamente, se refiere a la anomia de este ser "sin ley", el hombre que será exponente culminante de aquel "ministerio de iniquidad" que ya está operando en el mundo, aquel que desafiará abiertamente todas las ordenanzas de Dios. Es de suponer que la revelación del *hombre* de iniquidad significará la máxima expresión del *misterio* de iniquidad: *Cuando el tiempo apropiado llegue, el programa de Satanás será realizado en forma visible; el "misterio" será reemplazada por el "hombre".*[174]

La sola idea de que la anomia y la impiedad tengan rienda suelta para actuar sin freno en el mundo es motivo de espanto para cualquiera que ame a Dios y el buen orden social. Por eso, Pablo se apresura a consolar a sus lectores (2:8b) antes de seguir con su exposición sobre el Anticristo (2:9).

El fin del Anticristo (2:8)

… a quien el Señor[175] matará con el aliento de su boca, y destruirá con el resplandor[176] de su venida…

A continuación (2:9-10), Pablo nos describirá los fabulosos poderes ostentados por el Anticristo y que parecen acreditar sus pretensiones divinas (2:4). Da la impresión de que sus milagros y prodigios serán aún más espectaculares que los de Jesús. Sin embargo, estas apariencias desaparecerán repentinamente cuando el verdadero Me-

---

173   Cf. Morris (2), pág. 229: *La expresión es más escueta, pero apenas se distingue [de la frase más larga] en su significado.*

174   Hendriksen, pág. 211.

175   Algunos manuscritos inferiores rezan "el Señor Jesús". Véase Weima, pág. 888.

176   "Resplandor" traduce la palabra griega "epifanía" (en el Nuevo Testamento, se encuentra solamente aquí y en las Pastorales). Esta se traduce normalmente como "aparición" o "manifestación". Nuestra traducción se justifica por el hecho de que "la aparición de su venida" sería casi una redundancia, y porque "epifanía" suele *implicar la idea de esplendor*. Véase Morris (1), pág. 150.

sías se manifieste. El "hombre de iniquidad" es "el hijo de perdición" y, de momento, el apóstol se detiene para describir el momento de su ruina.

Es normal que todos nosotros, incluso los creyentes más maduros, sintamos cierto terror ante las manifestaciones sobrenaturales del mal: *¿Quién como la bestia, y quién podrá luchar contra ella?* (Apocalipsis 13:4). Nuestras armas contra los prodigios satánicos parecen muy pobres: la sencilla verdad ante las mil maniobras del engaño y la mentira, el mensaje de la cruz, de la humildad y del amor enfrentado con la soberbia, la prepotencia y todo el aparato fastuoso de la humanidad egocéntrica e injusta. Por definición (es decir, por creación), el hombre es inferior a las huestes malignas. Si el freno contra el mal es quitado de en medio, hay una sola esperanza de que el falso Cristo, sostenido con poderes ocultos que aparentemente proclaman de divinidad, sea vencido: la manifestación del Cristo verdadero.

La venida del hombre inicuo aportará indecibles sufrimientos a los que tienen ojos para ver la verdad y se atreven a oponerse a su tiranía. Pero ese "advenimiento" será deshecho por otro (en el original griego, la "venida" del Señor en 2:8 es el mismo vocablo que el "advenimiento" del inicuo en 2:9: *parusía*) aún más poderoso.[177] ¡Infinitamente más poderoso! Las palabras de Pablo dan a entender que la sola manifestación de la verdadera gloria del Mesías auténtico será suficiente como para dejar inmediatamente fuera de juego a todo el régimen del mal.[178] La parusía ocurrirá con tanto resplandor que el Anticristo se rendirá impotente en el acto.[179] Ese hombre, máxima

---

177 Recordemos que la palabra "parusía" alude no solamente a una venida, sino también a la estancia que sigue a la venida. Por tanto, *la parusía del Anticristo, según el sentido estricto de la palabra, se refiere al período de su supremacía, empezando con su revelación al mundo y acabando [en su destrucción por Cristo]* (Hogg y Vine, pág. 264).

178 Puntualiza Morris (1), pág. 150: *"Destruirá" es la traducción de [un] verbo que básicamente significa "inutilizar", "dejar fuera de combate". No quiere decir que el inicuo es aniquilado, sino que queda completamente impotente.*

179 *Cf.* Staab, pág. 83: Como las tinieblas desaparecen en presencia de la luz, así el inicuo se desvanecerá ante la manifestación de Cristo; MacDonald, pág. 1029: *Una palabra de Cristo y el brillante resplandor de su manifestación serán todo lo necesario para poner fin al régimen de este frenético impostor.*

expresión de la mentira y el engaño, no soportará la revelación de la verdad. Por muy deslumbrantes y magníficos que hayan sido sus prodigios, no serán nada en comparación con la gloria de Dios.

Otra manera de expresar lo mismo es decir que el Anticristo será "matado con el soplo de la boca" del Señor. El "soplo" o "aliento" o "viento" puede ser traducido también como "espíritu", y la frase entera recuerda la profecía de Isaías 11:4, referida al Mesías (el vástago que retoñará de las raíces del trono de Isaí; 11:1): *Herirá al opresor con la vara de su boca, y con el espíritu de su boca matará al impío.*[180] Cuando Dios hace acto de presencia, todos los seres creados (incluidos Satanás, el Anticristo y todas sus obras portentosas) se revelan como efímeros y frágiles. El viento pasa sobre ellos y desaparecen. Un mero soplo del Hijo basta para dispersar y eliminar a todas las huestes del mal. *No con ejército ni con fuerza, sino con mi Espíritu, dice Yahweh Sebaot* (Zacarías 4:6).

Esta frase indica la suma facilidad con que el Mesías eliminará a aquel que pretende ser su rival. Como cuando soplamos sobre una mesa o estantería para quitar el polvo, así quitará el Señor al Anticristo, con su aliento. No hará falta una guerra a muerte. No es una lucha entre iguales.[181] Más bien, este versículo nos recuerda el Salmo 2:4-5: *El que habita en los cielos se reirá de ellos, Adonai los ridiculizará. Luego les hablará en su ira, y en su indignación los aterrorizará.*

Así pues, hacemos bien en temer *debidamente* el poder de Satanás y sus agentes, pero no *sobremanera*. No debemos subestimar el poder del hombre sin ley. Sin embargo, la superioridad de Dios es

---

180   *Cf.* Job 4:9: *Por el aliento de Dios perecen [los inicuos], y por el soplo de su ira son consumidos.* Véase también Isaías 30:27-28; Oseas 6:5; Salmo 29:3-9; Apocalipsis 1:16; 2:16; 19:15, 21. Recordemos asimismo que el primer ser humano empezó a existir por el soplo de la boca del Señor (Génesis 2:7). El mismo aliento que concede vida también puede quitarla.

181   *Cf.* Hendriksen, págs. 211-212: *No habrá un prolongado conflicto, con la ventaja aparentemente alternando entre el "sin ley" y Cristo... Este asunto será liquidado en un instante... El primer destello de la segunda venida será suficiente para arruinar al "sin ley", para inutilizarlo;* Morris (2), pág. 230: *No será necesaria ninguna acción por parte de Jesús. El solo hecho de manifestarse dejará impotente al hombre sin ley;* Staab, pág. 83: *No hay necesidad de combate; basta una palabra, un simple mandato.*

tan absoluta que, si solo pudiéramos vislumbrar una mínima parte de ella, el mismo diablo perdería para nosotros mucho de su terror. Debemos comprender que el Anticristo, con todos sus temibles prodigios que Pablo está a punto de describir, solamente es el último coletazo desesperado, un último fútil esfuerzo de Satanás por retener su hegemonía en la tierra. Cuando se manifieste el auténtico Mesías en todo su poder y gloria, comprenderemos lo pequeño que es realmente nuestro enemigo.

Características del advenimiento del inicuo (2:9-10a)

… cuyo advenimiento es por obra de Satanás, con toda clase de poderes, y señales milagrosas, y prodigios falsos, y con todo engaño de iniquidad para los que se pierden…

Pero la destrucción del Anticristo queda para un futuro más lejano. Ahora, el apóstol vuelve atrás al momento de su venida. El versículo 9 continúa la descripción del Anticristo comenzada en 2:3-4. Pablo no entra en detalles sobre cómo el inicuo conseguirá el dominio universal o acerca del desarrollo y la duración de su reinado.[182] Solamente nos habla de su "parusía", sus milagros y su fin.[183]

Detrás de su venida está Satanás.[184] Por supuesto, esto no nos sorprende en absoluto. Lo hemos dado por sentado hasta aquí. Ahora, sin embargo, Pablo lo dice explícitamente. De la misma manera que el

---

182   *Cf.* Leal, pág. 942: *No se determina cuánto ha de durar la revelación o el triunfo del impío. Solamente se deduce que será breve comparado con el triunfo de Cristo sobre él, que será definitivo.*

183   *Cf.* Cousins, pág. 501: *Pablo deja de lado la carrera del "hombre sin ley" y no nos da ningún calendario de estos eventos, sino que se limita a aseverar la gloriosa verdad espiritual del triunfo final de Cristo.*

184   Como ya hemos sugerido, precisamente porque el Anticristo viene "por obra de Satanás", no puede ser Satanás mismo en forma encarnada. *Cf.* Staab, pág. 84: *No es Satán en persona, sino su instrumento, el ejecutor de su voluntad, y como tal dispone de poderes sobrehumanos recibidos de Satán (cf. Apocalipsis 13:2: El dragón le dio [a la bestia] su poder y su trono, y una gran autoridad).*

verdadero Mesías fue enviado por el Padre para cumplir su voluntad de salvación, así el Anticristo será enviado por el maligno, sabiéndolo o sin saberlo, y será utilizado por él, consciente o inconscientemente, para realizar sus propósitos de destrucción.

Con esta finalidad, el diablo le suministrará con toda clase de atribuciones aparentemente divinas, pero realmente satánicas.[185] Pablo emplea cuatro términos para describirlas. Veamos cuáles son:

1. Poderes

Los tres primeros son casi sinónimos y se encuentran juntos en varios textos bíblicos.[186] El texto, al hablar de "poderes", no indica si estos se refieren al ejercicio "convencional" de autoridad política o militar, o si se trata de poderes sobrenaturales y deslumbrantes, pero las frases siguientes sugieren claramente lo segundo. En todo caso, para lograr auparse con la hegemonía universal y mantenerse en esa posición, el Anticristo necesitará hacerse con el control de todos los ejércitos y sistemas parlamentarios del mundo. Podemos suponer, por tanto, que, si el apóstol habla de "toda clase" de poderes, aquí hay una mezcla de dominio humano y portentos sobrenaturales.

2. Señales milagrosas

En la Biblia, las señales son milagros cuya finalidad es "señalar" a algo. En este caso, el Anticristo hace milagros como respaldo de sus pretensiones divinas.

---

185   Cf. Green, pág. 334: *El propósito satánico en esta venida poderosa es acreditar al maligno mediante obras sobrenaturales a fin de engañar a los que no aceptaron el evangelio.*

186   Véase Hechos 2:22; 2 Corintios 12:12; Hebreos 2:4. Solo en nuestro texto, se refieren a actividades satánicas. Cf. Morris (1), pág. 151: *Tenemos aquí tres palabras usadas para indicar milagros.* Este autor propone que el adjetivo "mentirosos" debe modificar los tres sustantivos, no solamente el último: *Los tres (poder, señales y prodigios) están saturados de falsedad.* Cf. Morris (2), pág. 231; Hendriksen, pág. 213; Leal, pág. 943. Hogg y Vine, pág. 265, matizan estas tres palabras de la manera siguiente: *Describen el mismo evento desde diferentes perspectivas: "poder" declara que su fuente es sobrenatural; "señal" expresa su propósito y apela al entendimiento; "prodigio" describe su efecto en el espectador y apela a la imaginación.*

3. Prodigios mentirosos

El "prodigio" es un milagro de dimensiones extraordinarias que causa asombro, miedo o, en este caso, engaño a los espectadores. Al llamar "mentirosos" los prodigios del Anticristo, Pablo podría querer decir o bien que estos serán montajes fraudulentos, trucos creados intencionadamente por el inicuo y sus secuaces para engañar a los crédulos, o, más probablemente, que serán milagros auténticos, pero "mentirosos" en el sentido de que su finalidad es engañar a la gente: *No son propios para llevar al hombre a descubrir la verdad, sino para descarriarlo... Las obras del Anticristo, como las de su señor (Juan 8:44), nacen de la mentira y están al servicio de la misma.*[187]

Pablo no investiga la naturaleza exacta de las señales prodigiosas del Anticristo, pero Juan nos revela alguna cosa más:

> *Y obra grandes prodigios, de manera tal que aun hace descender fuego del cielo a la tierra en presencia de los hombres; y engaña a los que moran en la tierra por medio de las señales que le fue concedido hacer* (Apocalipsis 13:13-14).

4. Engaño de iniquidad

La cuarta frase indica el origen y la finalidad que se esconden tras los "poderes, señales y prodigios". Todos estos son instrumentos de maldad (injusticia) para efectuar la seducción y el engaño de los desprevenidos. En este caso, la palabra traducida como "iniquidad" no es la misma que en 2:3 y 7: no indica la anomia, sino la práctica de la injusticia.[188] Frecuentemente indica "lo opuesto a la verdad" (*cf.* 2: 12, donde "complacerse en la injusticia" contrasta con "creer a la verdad"). La frase, pues, se refiere a *toda clase de*

---

187   Staab, pág. 84. La mayoría de comentaristas sigue esta última interpretación. Ver, por ejemplo, Hogg y Vine, pág. 265; Morris (2), pág. 231; Stevens, pág. 523; Wiersbe, pág. 133; Stott, pág. 172: *Son "milagros mentirosos", probablemente no en el sentido de ser fraudulentos, sino en que conducirán al engaño, no a la iluminación;* Pérez Millos, pág. 59: *Los milagros son "mentirosos" porque no provienen de Dios, no tanto porque no sean reales.*

188   *Cf.* Morris, pág. 151: *"Adikia" es injusticia en su sentido más amplio: incluye toda forma de maldad.*

maldad que sirve para engañar, o sea, toda clase de engaño que puede ser inventado por la maldad.[189]

En todas estas cosas, y en el mismo vocabulario escogido evidentemente con toda intencionalidad por Pablo, llama la atención el estrecho paralelismo entre el verdadero Mesías y el Anticristo. Nuevamente, vemos que este no es tanto una persona que actúa abiertamente en contra del verdadero Mesías, sino alguien que es una falsificación suya. Lo imita en todos los detalles,[190] pero su intención es exactamente la contraria de la de Jesús:

- Tanto el uno como el otro "vienen", es decir, tendrán su parusía (2:1, 8, 9).
- El uno y el otro tienen su "manifestación" o "apocalipsis" (1:7; 2:3, 6, 8).
- Tanto Jesucristo, en su primera venida, como el Anticristo llevan a cabo señales, evidencias de poder sobrenatural, y Pablo emplea tres palabras que suelen ser aplicadas a los milagros de Jesús para describir los del Anticristo.
- Los dos tienen pretensiones al trono universal.
- Detrás de ambos, hay una "energeia" ("obra", "fuerza") de carácter sobrenatural (2:9, 11).
- Los dos vienen para cumplir la voluntad de aquel que los envía.
- *Las dos venidas, la del Anticristo y la de Cristo, serán personales (parusías), visibles ("apokalipsis" o revelaciones) y poderosas.*[191]

Por eso mismo, la venida del Anticristo es tan peligrosa. Si él actuara claramente en contra del evangelio, los cristianos no le

---

189   Ewert, pág. 1092.

190   *Cf.* Stott, pág. 172: *Es atinado pensar en la venida del Anticristo como una parodia deliberada y sin escrúpulos de la segunda venida de Cristo.*

191   Stott, pág. 172.

seguirían, pero, puesto que dará las apariencias de cumplir el evangelio, por eso engañará a muchos.[192]

Pero esta misma similitud entre el Anticristo y el verdadero Mesías solo sirve para iluminar la inmensidad de sus diferencias: el Anticristo actúa en el poder de Satanás y se caracteriza por la mentira, el engaño y la falsedad, mientras que Jesús actuaba en el poder de Dios y se caracterizaba por la verdad, la honradez y el amor; Jesús vino para servir y salvar, el Anticristo para dominar y destruir; Jesús se humilló a sí mismo, el Anticristo se exalta a sí mismo; Jesús es el hombre de santidad, el Anticristo, de iniquidad; Jesús es el Cordero, el Anticristo, la bestia.[193]

El Anticristo, ciertamente, es peligroso y temible. Sin embargo, es importante que los tesalonicenses sepan que los que caerán en el engaño serán "los que perecen" (*cf.* 1 Corintios 1:18: "los que se pierden"), es decir, los que rechazan la verdad del evangelio (2:12). Ellos mismos no caerán, con tal de que sigan fielmente el buen camino de la fe, el amor y la paciencia (1:3-4). Pero estamos adelantándonos al tema de los versículos siguientes.

---

192   *Cf.* Findlay, pág. 181: *La imitación sistemática y deliberada de los atributos de Cristo es el rasgo más espantoso de esta presentación del Anticristo;* Stott, pág. 172: *Lo trágico es que la venida del Anticristo será una parodia tan inteligente de la venida de Cristo que muchos tragarán el engaño satánico.*

193   *Cf.* Staab, pág. 84: *Cristo vino para salvar a los hombres por la verdad; el Anticristo vendrá con toda especie de seducciones de injusticia, para perder a los hombres por el engaño.*

El engaño del Anticristo

2 Tesalonicenses 2:10b-12

Capítulo 12

Los que perecen (2:10)

> ... con todo engaño de iniquidad para los que se pierden, porque no se acogieron al amor de la verdad para ser salvos.

El arma principal empleada por el Anticristo para hacerse con el poder universal será el engaño. Como acabamos de decir, sus poderes, señales y prodigios serán "mentirosos" (2:9), no en el sentido de ser fraudulentos, sino porque estarán al servicio de la mentira. Por medio de ellos, logrará deslumbrar a la gente y hacer creíble su pretensión de ser Dios (2:4).

Sin embargo, más allá de las actuaciones y responsabilidades humanas está Dios, quien controla todo este proceso a fin de llevar a su culminación sus designios eternos. No entenderemos correctamente el significado de la actividad del Anticristo si no tomamos en cuenta el factor de la soberanía divina. El solo hecho de que Pablo pueda hablar con autoridad acerca de eventos futuros indica claramente que hay un Dios en los cielos que *muda los tiempos y las edades; él quita los reyes y establece los reyes; él da la sabiduría a los sabios, y ciencia a los inteligentes; revela los secretos más profundos, conoce lo que oculta la tiniebla, y la luz habita con él* (Daniel 2:21-22). Aunque el advenimiento del Anticristo es por obra de Satanás (2:9), el apóstol ya ha desvelado la presencia escondida de Dios más allá del escenario humano y diabólico: ni Satanás, ni el Anticristo, ni el misterio de iniquidad tienen la posibilidad de actuar sin la voluntad permisiva de Dios, sino que están sujetados y limitados por aquello que los detiene, y el Anticristo no se aparecerá hasta que llegue "el tiempo suyo" (2:6), es decir, el tiempo que Dios le tiene asignado.

En los versículos 10 a 12, la primera indicación de la soberanía divina la aporta la idea de que los que perecen lo hacen a causa de no haber acogido la verdad. Lo merecen, pues, y, por supuesto, reciben su merecido porque hay un Dios en el cielo que se encarga de dárselo.[194] Los perdidos, dice el apóstol, no son meras víctimas del poder engañador del Anticristo, sino que ellos mismos son los responsables de dejarse engañar. El engaño satánico solamente es eficaz en ellos porque no han querido abrazar la verdad de Dios. Es decir, son culpables de no haber "amado la verdad", la cual, de haberla abrazado, los habría conducido a la salvación. Cuando se les ha manifestado la luz de Dios, ya sea por la revelación natural de la creación o por la revelación especial del evangelio, le han dado la espalda: *Esta es la acusación: que la luz ha venido al mundo, pero los hombres amaron más la tiniebla que la luz, pues sus obras eran malas. Porque todo aquel que practica cosas malas aborrece la luz, y no viene a la luz, para que sus obras no sean descubiertas* (Juan 3:19-20). De hecho, la Biblia enseña constantemente que el rechazo de la luz divina conduce al hombre a toda clase de engaños, desde las idolatrías más supersticiosas hasta las filosofías más sofisticadas, porque todas ellas se fundan sobre premisas erróneas al desestimar el único fundamento sólido que hay. Por tanto, detrás de la seducción del error, siempre hay un grado de culpabilidad: el hombre no sigue la luz de su conciencia, ni la revelación de Dios, sino aquellos sistemas de pensamiento que justifiquen su pecado y carnalidad. Así, se expone a ser deslumbrado

---

194   Nuestra traducción, "recompensa", es una interpretación (a mi juicio, acertada) de la conjunción "por cuanto", que *incluye frecuentemente la idea de correspondencia y probablemente es así en este caso* (Morris [2], pág. 232). Cf. Hogg y Vine, pág. 266: *Esta frase, poco usual, comunica la idea de recompensa.*

por las mentiras del Anticristo y recibe el "engaño de la iniquidad" como la justa "recompensa" divina por su incredulidad.

Esta idea es el punto de partida de Pablo en su exposición del evangelio en la Epístola a los Romanos: La "impiedad" del hombre (es decir, su rechazo de Dios y de su verdad) conduce inexorablemente a la "necedad": toda clase de filosofías, ideologías e idolatrías, basadas en la premisa falsa del desconocimiento del Dios verdadero, por medio de las cuales los hombres *cambiaron la verdad de Dios por la mentira* (Romanos 1:25). Quien rechaza la verdad está condenado inevitablemente a entregarse a mentiras, y el engaño de las mentiras le llega como un castigo divino a causa de su incredulidad. *Y como no tuvieron a bien reconocer a Dios, Dios los entregó a una mente reprobada* (Romanos 1:28). ¡Dios los entregó! La impiedad humana no significa que el Señor haya perdido el control de la situación. Lejos de eso, él confirma al hombre en su decisión y paga la incredulidad con el castigo de la permanente ceguera espiritual. Volviendo a nuestro texto de Tesalonicenses, vemos que quienes aborrecen la *verdad* (2:10) reciben la "recompensa" de ser deslumbrados y seducidos por los prodigios *mentirosos* del Anticristo (2:9). Es el mismo patrón que en Romanos. Parece una simpleza, pero el hecho obvio es que únicamente la verdad puede salvarnos del error; solo el evangelio nos salva de las artimañas del maligno.

Sin duda alguna, aquí tenemos la dinámica de la gran apostasía de 2:3. Los hombres no quieren recibir la verdad de Dios, o, si en un principio la recibieron y abrazaron el evangelio, se van deslizando paulatinamente, alejándose de ella en pos de las falsificaciones de los muchos anticristos que han salido al mundo. Empiezan a dudar de la inerrancia de las Escrituras o de su valía permanente como palabra que procede de la boca de Dios. Así, pierden el norte y la estabilidad. Confunden la espiritualidad con el sentimentalismo y la verdadera comunión fraternal con pasarlo bien en un espectáculo religioso. Celebran cultos cada vez con más euforia y alabanza, y menos contenido y enseñanza. Poco a poco van preparando el terreno para que el demagogo de turno los engatuse; y, un día, el demagogo de turno será el Anticristo cuya manifestación coincidirá con la gran apostasía.

Así pues, cuando los hombres, abierta o sutilmente, dicen "No" a Dios, él mismo ratifica su decisión y los confirma en esa actitud de incredulidad. Es decir, la soberanía de Dios es tal que respeta el significado y la entidad de las decisiones humanas: si el hombre elige libremente un camino que va en contra de su voluntad declarada, le consiente que vaya por él y llegue al destino inevitable de la perdición. No hay nada en este universo de origen humano o demoníaco que pueda sorprender a Dios. No hay nada que escape a su providencia soberana, ni siquiera las cosas que, aparentemente, atentan contra su voluntad.

La soberanía permisiva de Dios (2:11)

> *Por esto, Dios les envía una fuerza engañosa, para que crean en la mentira…*

Lo que acabamos de decir queda confirmado por el versículo 11: aunque el engaño es obra del Anticristo y tiene su origen en el gran engañador, Satanás, y aunque el ser humano es responsable por su propia incredulidad y rechazo de la luz, Dios, en su soberanía, tiene todas estas cosas bajo su control.[195] No es un observador pasivo de lo que está pasando, sino que participa activamente en ello.[196] En última instancia, todo lo que cae sobre el hombre procede de Dios, incluso aquello que, en primera instancia, es el resultado de sus propias acciones o de las del maligno.

---

195   *Cf.* Morris (1), pág. 152: *En este versículo se destaca una gran verdad bíblica: Dios es soberano y de sus designios depende todo lo que sucede.*

196   La traducción de NVI, *Dios permite que*, no me parece adecuada. En el texto griego, está claro que Dios activamente *envía* esta fuerza de engaño, no solamente la permite.

Por eso, Pablo no considera al Anticristo como el instigador y motor de toda la maldad que invadirá el mundo en los últimos días, sino que ve, por encima de todo, a Dios, quien *envía* esta "fuerza de extravío", o poder engañador,[197] como el merecido pago de aquellos que han cerrado los ojos ante su revelación y que, a causa de los placeres del pecado, han rechazado el grado de luz que Dios les había concedido. Naturalmente, con esta afirmación, Pablo no está atribuyendo a Dios la culpa de la maldad.[198] Los culpables son Satanás, el Anticristo y los que se dejan engañar por ellos. Pero, cuando los seres responsables actúan a favor del mal, Dios les confirma en su maldad. Ellos han rechazado la verdad. ¡Bien, Dios les hará creer a la mentira![199]

Quizás nos ayude a entender estas cosas poner un par de ejemplos procedentes del Antiguo Testamento. En 1 Samuel 16:14, leemos que *el Espíritu de Yahweh se apartó de Saúl, y un espíritu malo de parte de Yahweh lo aterrorizaba*. Esta última frase nos parece chocante, rayana en la blasfemia, porque casi llega a atribuir a Dios las acciones maléficas de los demonios. Pero, bien entendida, significa que aun las peores acciones de las huestes del mal sirven solamente para favorecer los designios de Dios y están bajo su control soberano. Saúl se está alejando de la voluntad divina, libre, responsable y deliberadamente. Dios se lo permite, pero el rey debe cosechar lo que ha sembrado. Con estas actitudes de rebeldía, el Espíritu de Dios no seguirá guiándolo en su gobierno, sino que se retirará como huésped no deseado. Y, en su lugar, vendrá otro espíritu para controlarlo, un espíritu que producirá mal en la experiencia personal de Saúl y en sus gestiones como rey.

---

197 Explica Hendriksen, pág. 214: *Será una fuerza que actuará poderosamente dentro de ellos, alejándoles aún más, de modo que creerán la mentira del Anticristo.*

198 *Cf.* Hendriksen, pág. 214: *Cuando el hombre se pierde, es siempre su propia culpa, jamás la de Dios.*

199 *Cf.* Morris (2), pág. 234: *La maldad producida por los hombres y por Satanás, Dios la utiliza para el desarrollo y cumplimiento de sus propósitos. Ellos creen que actúan en contra de su voluntad. Pero, al final, descubren que sus mismos actos de rebelión constituyen el medio a través del cual Dios los castiga.*

Aquí nos encontramos con una ambivalencia difícil de entender. Por un lado, la obra del diablo está opuesta diametralmente a la de Dios: Dios construye, el diablo destruye; Dios bendice, el diablo maldice; Dios desea nuestro bien, el diablo quiere hacernos daño. Nunca debemos atribuir malas intenciones a Dios, ni buenas intenciones al diablo. Dios no induce al pecado (Jacobo 1:13), ni el diablo a la virtud. Sin embargo, por otro lado, no hemos de pensar que, si algo tiene su origen en el diablo, no puede tener nada que ver con la voluntad de Dios. No hay necesariamente ninguna contradicción u oposición directa entre la voluntad de Dios y la del maligno. Es así porque, como ya hemos señalado, no se trata de una lucha cósmica entre dos iguales, sino entre el Dios omnipotente y absolutamente trascendente y una mera criatura suya, cuya sublevación contra la autoridad divina es algo que se verá finalmente como ridículo. La soberanía divina está por encima de todas las iniciativas de las fuerzas del mal. Haga lo que haga el diablo, nunca puede extralimitarse y salirse de debajo de la autoridad final de su Creador. La soberanía divina es tal que envuelve y se sirve de todas las iniciativas maléficas del diablo y de los hombres.

Pero veamos otro ejemplo, quizás aún más chocante. Se trata de la historia del censo hecho por David al final de su reinado, debido al cual Dios castigó el reino con una peste que se cobró la vida de 70 000 hombres. En 2 Samuel 24:1, leemos acerca de este censo: *Volvió a encenderse la ira de Yahweh contra Israel; e incitó a David contra ellos para que dijera: Ve, haz un censo de Israel y de Judá.* Según este texto, Yahweh fue quien instigó esta iniciativa, incitando a David a hacer el censo, ¡y luego castigándolo a él y al país en general por haberlo hecho! Pero la versión del mismo acontecimiento registrado en Crónicas es diferente, ¡quizás porque el cronista quería ser más "ortodoxo" y menos controvertido! En 1 Crónicas 21:1, leemos: *Y se levantó Satán contra Israel, e incitó a David a hacer un censo de Israel.* Algunos comentaristas dirían enseguida que aquí tenemos una evidente contradicción: o fue el diablo quien incitó a David, o fue Dios, pero no pueden haber sido los dos a la vez. ¿Pero por qué no? Las Escrituras nos enseñan más bien que *todo* lo que hace el maligno cae dentro de la voluntad permisiva de Dios, o, para decir lo mismo negativamente, que el diablo no puede hacer absolutamente nada sin que Dios se lo permita. Para zarandear a Job, el diablo tuvo que conseguir el permiso divino (Job 1:11-12; 2:3-6), igual que en el caso de su zarandeo a los discípulos (Lucas 22:31). En todas las cosas malas que pasan en este mundo, el diablo tiene sus propósitos destructivos, mientras que Dios se sirve de ellas para sus propios designios de bendición y de juicio (Romanos 8:28).[200] En todas ellas se puede discernir la mano de los dos.

Así pues, es perfectamente correcto afirmar estas dos verdades que a primera vista parecen ser contradictorias: el Anticristo y sus engaños son obra de Satanás (2:9); esta terrible fuerza engañosa es enviada por Dios (2:11). En otras palabras, *el dios de este siglo cegó las mentes de los incrédulos, para que no les resplandezca la luz del evangelio* (2 Corintios 4:4); pero Dios mismo dictamina: *Con el oído oiréis, pero de ningún modo entenderéis, y viendo veréis, pero de ningún modo percibiréis... a fin de que no vieran con los ojos, y oyeran con los oídos, y entendieran con el corazón, y se arrepientan* (Mateo 13:14-15; Isaías 6:9-10).

La incredulidad de los que perecen (2:12)

> *... y sean juzgados todos los que no creyeron en la verdad, sino que se complacieron en la injusticia.*[201]

---

200 Otro notable ejemplo de cómo Dios se sirve de las fuerzas de mal es el caso del espíritu maligno enviado por Dios para poner mentiras en la boca de los profetas y así inducir a ir a la batalla donde murió. Ver 1 Reyes 22:19-23. Aun otro es la amenaza de Dios de engañar a los profetas, dándoles palabras erróneas como pago por la idolatría de los ancianos (Ezequiel 14:1-11).

201 Morris (1), págs. 153-154, explica la diferencia entre las construcciones griegas traducidas como "creer la verdad" o "creer *a* la verdad" de la siguiente manera: *La construcción más habitual en todo el Nuevo Testamento ("eis" con el acusativo) significa depositar confianza en algo, mientras que la construcción utilizada en este caso [el verbo seguido del dativo] implica la idea de dar crédito. La gente referida no aceptó como verdadera la verdad de Dios en el evangelio.*

Pero descendamos de las alturas celestiales a la tierra, de la misteriosa soberanía de Dios a la familiar culpabilidad humana. Dios, desde el cielo, envía una fuerza de extravío de la misma manera que, en el caso de Saúl, envió un espíritu maligno. Esta fuerza, que toma la forma del Anticristo y sus poderes y engaños, viene para confirmar a los hombres en su incredulidad. Y esta confirmación es una especie de juicio sobre ellos: *para que sean juzgados*, es decir, condenados.[202] Como vimos en Romanos, Dios condena al pecador a vivir inmerso en su pecaminosidad. De igual manera, Dios condena al incrédulo a vivir hundido en su incredulidad hasta sus últimas consecuencias. Habiéndose negado a creer en la verdad, estará condenado a *creer en la mentira* del Anticristo.

Debemos recordar que, según Dios, "no creer en la verdad" es un acto culpable, no un asunto moralmente neutral. Es así porque, como ya hemos visto, la razón profunda por la que la gente no cree es porque el mensaje de la verdad, el evangelio, denuncia el pecado y llama al arrepentimiento; ellos, sin embargo, se aferran a sus pecados y su orgullo no les permite humillarse y confesar su culpa: *Aman más las tinieblas que la luz, pues sus obras son malas* (Juan 3:19). Por eso, en la Biblia, la antítesis de "creer en la verdad" no solamente es no creerla, sino también "complacerse en la injusticia".[203] Por otra parte, todas las grandes virtudes son facetas de un mismo Dios: la verdad, la justicia, el amor, la rectitud, la santidad… Reflejan su carácter. Proceden de él. Son lo que son porque él es lo que es. Por tanto, rechazar cualquiera de ellas es atentar contra todas.

---

202   Puntualiza Green, pág. 336: *[Esta palabra] es un término legal que denota no solamente "juzgar"… sino que también abarca las consecuencias del fallo judicial divino, la condenación.*

203   *Cf*. Hendriksen, pág. 215: *Cuando una persona realmente acepta la verdad de Dios, practicará la justicia; cuando no lo hace, sino que acepta la mentira del Anticristo (¡ser neutral es imposible!), se deleitará en la injusticia.* Esta misma antítesis se encuentra en Romanos 1:18: *detienen con injusticia la verdad*; 2:8: *desobedecen a la verdad y son persuadidos por la injusticia*; 1 Corintios 13:6: *no se alegra en la injusticia, sino que se regocija con la verdad.* Morris (2), págs. 235-236, explica el verbo "complacerse" en estos términos: *Se regocijaron activamente en la injusticia, se inclinaron hacia ella, la contemplaron con favor y beneplácito… Encuentran su placer en el pecado; disfrutan de la maldad. Para ellos, el mal se ha convertido en bien.*

La lógica de todo este proceso es tristemente acertada. Primero, se complacen en la injusticia, haciendo del pecado su elección deliberada. En segundo lugar, se niegan a creer a la verdad y amarla, porque es imposible amar la verdad y, simultáneamente, amar la maldad. En tercer lugar, interviene Satanás para engañarlos. En cuarto lugar, Dios mismo los entrega a la mentira que han escogido. Y, en quinto lugar, son condenados y perecen. Esta es una enseñanza terriblemente solemne. Nos dice que la deslizante cuesta hacia abajo empieza con un amor a la maldad, y conduce sucesivamente al rechazo de la verdad, al engaño del diablo, al endurecimiento judicial del hombre por Dios y a la condenación final. La única manera de protegernos del engaño es amar la bondad y la verdad. Estas, pues, son las dinámicas, tanto la divina como la satánica, que actúan detrás de la gran rebelión final.[204]

De esta manera, Pablo lleva a una conclusión su exposición de los grandes acontecimientos venideros. Podemos distinguir en ella tres etapas fundamentales:

1. En la actualidad, estamos viviendo el período del *detenimiento*, durante el cual las fuerzas de la maldad están siendo frenadas en su despliegue.
2. Luego vendrá la gran *rebelión*, cuando lo que está impidiendo el avance del mal sea quitado de en medio y el Anticristo tenga su parusía, su venida y su reinado.
3. Finalmente, llegará el momento del juicio y la *retribución*, cuando venga el Señor Jesucristo en gloria y majestad, destruyendo al Anticristo y sus obras y dando a cada cual su merecido.

Este es el programa de Dios. La historia no consiste en una secuencia arbitraria de acontecimientos sin significado alguno. Más

---

204   Stott, pág. 173.

bien, es una secuencia de períodos y eventos que están firmemente bajo el gobierno soberano de Dios, el Dios de la historia.[205]

> *El misterio de la iniquidad ya existe y obra en el mundo. Llegará a su clímax cuando acabe esta era y hallará su expresión máxima en el hombre sin ley, el Anticristo. Sin embargo, la parusía de este personaje siniestro será de poca duración, porque nuestro Señor hará pedazos su poder y reinado por el resplandor de su venida (2:8). Entonces, los que confiaron en Cristo al abrazar el evangelio entrarán en su reposo eterno (1:7), mientras que los seguidores de la iniquidad, los incrédulos, serán condenados (2:12).*[206]

El Anticristo engañará a la gente. Pero eso será porque ya ha habido una preparación previa en su corazón y en su mente, una disposición nefasta, resultado de su rechazo de la luz de Dios. Por no haber abrazado la verdad del evangelio y la justicia de Dios, serán entregados a la mentira, a la injusticia y, finalmente, a la condenación eterna. Mientras tanto, los creyentes, los que han acogido la verdad y buscan la justicia, pueden tener plena confianza de que están en el camino de la salvación. Pero este es el tema de la sección siguiente de la epístola.

---

205 Stott, pág. 173.
206 Ewert, pág. 1092.

El plan de Dios para los escogidos

2 Tesalonicenses 2:13-14

Capítulo 13

Amor y elección (2:13a)

Pero nosotros debemos dar siempre gracias a Dios por vosotros, hermanos amados por el Señor, pues Dios os escogió como primicia para salvación…

Ahora, Pablo cambia de rumbo. Ha dicho todo lo que quiere decir acerca de eventos futuros, y vuelve a contemplar la situación presente de los tesalonicenses. Deja atrás (¡mejor: deja para el futuro!) los temibles eventos venideros del misterio de iniquidad para considerar la gloriosa realidad actual de lo que Dios está haciendo en la vida de los creyentes. Desde los que "perecen" (2:10) se vuelve a los que han sido "escogidos para salvación" (2:13). Acaba de presentar la suerte terrible de aquellos que no quisieron creer a la verdad (2:12); ahora nos habla de la gloriosa esperanza de los que reciben el evangelio con "fe verdadera". Pasa de la "condenación" (2:12) a la salvación. Nos ha explicado la sorprendente idea de que el Señor mismo es quien "envía una fuerza de engaño para que los incrédulos crean a la mentira"; ahora nos explica otra idea, en realidad aún más sorprendente, acerca de los propósitos que Dios está llevando a cabo en la vida de sus escogidos. Su temática en la primera parte del capítulo ha sido el rechazo de Dios, la exaltación del hombre, el abandono de la justicia y la legalidad, y la oposición al evangelio. En cambio, ahora contempla la plena eficacia salvadora del evangelio tal y como está funcionando en la vida de los tesalonicenses.

Al haber acabado sus advertencias acerca del misterio de la iniquidad, podríamos haber esperado que Pablo ofreciera unas palabras de exhortación: "A la luz de estas cosas traumáticas que vienen, asegurad que estéis bien establecidos en la fe y en vuestra relación con el Señor Jesucristo". De hecho, esta exhortación vendrá en el versículo 15: *Así que, hermanos, estad firmes*. Pero, antes de darla, Pablo quiere introducir la nota positiva acerca de lo que Dios está haciendo en sus vidas. Así, la exhortación tendrá un fundamento doble: puesto que lo que viene es sumamente peligroso, y ya que lo que Dios está llevando a cabo en vosotros es tan glorioso, por estas dos razones manteneos firmes. Nosotros también necesitamos este estímulo doble. Contemplar las artimañas futuras del maligno puede dejarnos paralizados por el miedo. Necesitamos saber lo que está pasando y lo que pasará en nuestro mundo; pero debemos compensar esta influencia que, por sí misma, puede resultarnos malsana, entendiendo bien cuáles son las operaciones positivas de Dios en nuestra vida. Solo así comprenderemos que es posible mantenernos fieles y proseguir hacia la meta a pesar del enemigo.

Con cierto alivio, pues, dejamos de considerar las obras engañosas del Anticristo y centramos nuestra atención en la obra salvadora de Cristo. Incluso intuimos una nota de alivio en el apóstol en la frase inicial del texto: *Pero nosotros debemos dar siempre gracias a Dios por vosotros*. ¡Qué bendición es dejar de mirar las atrocidades del mundo y fijar nuestra mirada en la hermosa obra salvadora de Dios! ¡Cómo resplandece la gloria de Cristo aún con más fulgor después de contemplar las mezquindades del enemigo! ¡Y qué consuelo, después de considerar la gran apostasía que viene, mirar la constancia y fidelidad de la pequeña comunidad cristiana de Tesalónica!

Así, el apóstol vuelve a enfatizar aquello que ya había constatado en 1:3: el gozo que estos creyentes le producen y la imperiosa necesidad que despiertan en él de dar gracias a Dios por ellos. Antes había dicho: *Debemos dar gracias a Dios siempre acerca de vosotros*; ahora expresa la misma idea: *Nosotros debemos dar siempre gracias a Dios por vosotros*. En ambos textos, el énfasis recae sobre la obligación que él siente y sobre el carácter permanente de su acción de gracias.

Los dos versículos que tenemos por delante forman lo que algunos comentaristas consideran como un compendio resumido del evangelio.[207] Desde luego, es una maravilla de precisión y concisión teológicas y de amplitud de miras, extendiéndose desde la eternidad antes de la creación del universo hasta la eternidad después del retorno de Cristo;[208] pero, más exactamente, se trata de un párrafo en el cual el apóstol selecciona algunos aspectos del evangelio (no pretende tratar *todos* los aspectos) con el fin de contrastar la situación presente de los tesalonicenses con los eventos futuros que acaba de exponer. En 2:1-12, su tema ha sido el engaño y la perdición; ahora, en 2:13-14, es la salvación y la gloria.

El motivo explícito de la gratitud del apóstol se expresa por medio de dos frases paralelas:

• *Os escogió Dios como primicia para salvación mediante [en] santificación de espíritu y fe de verdad.*
• *Os llamó mediante nuestro evangelio para obtención de la gloria de nuestro Señor Jesucristo.*

---

207   Cf. MacDonald, pág. 1030: *En los versículos 13 y 14 tenemos un sistema de teología en miniatura, un maravilloso sumario de todo el alcance de los propósitos de Dios para con su pueblo creyente. [El apóstol] nos ha mostrado que la salvación se origina en una elección divina, es llevada a cabo por el poder divino, es hecha efectiva por medio del mensaje divino y será perfeccionada en gloria divina.*

208   Cf. Stott, pág. 177: *En una sola oración, la mente del apóstol vuela desde "el principio" hasta "la gloria".*

Ambas frases empiezan con una iniciativa de Dios y siguen estableciendo cuál es la finalidad de esa iniciativa ("para") y cuál es el medio por el cual se alcanza ("en", "mediante").

La primera frase establece cuál es la base más profunda de nuestra salvación: el amor y la elección de Dios. Aquí tenemos dos factores que, para nuestro pobre entendimiento humano, se revisten siempre de misterio. En esta vida, nunca entenderemos por qué Dios nos ama ni por qué nos ha escogido precisamente a nosotros. Como consecuencia, malgastamos mucho tiempo intentando dilucidar estas grandes cuestiones teológicas que, a fin de cuentas, nunca podemos alcanzar a entender satisfactoriamente, cuando tendríamos que reaccionar con asombro e inmensa gratitud, como lo hace Pablo.[209]

En nuestro texto, el amor de Dios se establece en el apelativo como un hecho presente: *Hermanos amados por el Señor*. Pero en 2:16 se presenta también como el factor que explica la causa y el origen de nuestra salvación: *Dios nuestro Padre, quien nos amó y nos dio consolación eterna*. Si Dios nos ama en el presente, es porque nos ha amado desde el principio.

¡Dios me ama a mí! ¡Qué importante es tener esta convicción en medio de una sociedad caracterizada por el egocentrismo y la alienación! ¡Qué importante en situaciones de persecución y oposición, cuando somos el objeto de odios, envidias y malos tratos! Sabernos amados por Dios nos puede sostener aun en las circunstancias más extremas. Por eso mismo, los escritores del Nuevo Testamento no dejan de enfatizar que, detrás del evangelio, está siempre del amor de Dios:

> De tal manera amó Dios al mundo, que dio a su Hijo unigénito (Juan 3:16).

---

209   *Cf.* Stott, pág. 175: *La doctrina bíblica de la elección divina siempre ha causado perplejidad a los cristianos. Sin embargo, aunque siembra dudas en nuestra mente, consuela grandemente nuestro corazón y coincide plenamente con nuestra experiencia.*

En esto fue manifestado el amor de Dios en nosotros: En que Dios envió al mundo a su Hijo unigénito, para que vivamos por medio de él. En esto está el amor: No en que nosotros hayamos amado a Dios, sino en que él nos amó y envió a su Hijo como propiciación por nuestros pecados (1 Juan 4:9-10).

Dios demuestra su mismo amor hacia nosotros en que, aun siendo nosotros pecadores, Cristo murió por nosotros (Romanos 5:8).

Sí. Este amor divino es la base de la salvación y el secreto de nuestra perseverancia como creyentes. El hecho de que el Hijo de Dios lo amara a él y se entregara a sí mismo por él fue lo que sostuvo a Pablo en su ministerio. Y la plena convicción de que no hay nada en este mundo que pueda separarnos del amor de Dios es la que puede hacernos victoriosos "por medio del que nos amó" (Romanos 8:37-39).

Debemos observar que Pablo ha hablado de "Dios" en la frase anterior y en la siguiente, y en 2:16 dirá que "Dios nuestro Padre" es quien nos demuestra su amor, pero ahora habla explícitamente del "Señor" como aquel que ama a los tesalonicenses, sin duda refiriéndose a Jesucristo. Esta oscilación entre el amor del Padre y del Hijo es característica de los escritos paulinos. Acabamos de verla en Romanos 5:8: el amor es de "Dios", pero quien puso su vida fue "Cristo".

Y aquí encontramos un principio de suma importancia. A veces, luchamos con la idea y la realidad del señorío de Cristo en nuestras vidas. En principio, tener que someternos a otra autoridad que no sea el dominio de nuestros propios apetitos carnales nos resulta desagradable y costoso. Pero debemos recordar que, en el caso del "Señor", quien nos manda es quien nos ama.[210] Cuando nos pide sacrificios, cuando nos prohíbe cosas que apetecen, cuando nos re-

---

210 Morris (2), pág. 237, sugiere otro matiz: *Confrontados con la fuerza de maldad [del misterio de la iniquidad], los tesalonicenses pueden retener su tranquilidad, porque son amados por el Señor omnipotente.*

prende y nos corrige, detrás del ejercicio de su señorío podemos detectar siempre la motivación del amor. En todo está buscando nuestro bien.

Sin embargo, el amor de Dios hacia nosotros no es solamente un hecho presente y no empezó a manifestarse únicamente cuando el Mesías murió en nuestro lugar, sino que estuvo presente desde el principio de todo el plan divino para nuestra salvación, desde antes de la fundación del mundo, en la inmutable elección soberana de Dios (véase Efesios 1:4).

Aquí, no obstante, hay una pequeña dificultad textual. La frase admite las dos traducciones: "os escogió como primicia"[211] u "os escogió desde el principio".[212] Además, ambas ideas tienen el apoyo de otros textos: Pablo utiliza a veces la palabra "primicia" al hablar de los creyentes,[213] aunque no la emplea en ningún otro caso en el contexto de la elección divina. Si este es el sentido aquí, debemos entender que está diciendo que sus lectores eran los primeros creyentes de la ciudad de Tesalónica o de esa región (*cf.* Romanos 16:5; 1 Corintios 16:15). Por otra parte, la idea de que la elección de Dios tuvo lugar "desde el principio" es frecuente en sus escritos.[214]

Pablo tiene la plena confianza de que los creyentes tesalonicenses se encuentren entre los escogidos de Dios. Veremos en un momento por qué tiene esta confianza. Pero, en todo caso, recordemos que nuestra salvación no depende en primer lugar de nosotros, ni comenzó el día de nuestra conversión. Depende principalmente de la voluntad soberana de Dios, y comenzó en la eternidad, cuando Dios nos amó y eligió.

---

211   Lectura seguida por BP, BTX, BVA, CI, DHH ("os escogió para que fuerais los primeros en…"), LP.

212   Lectura seguida por BJ, LBLA; NC, NVI, RV60, RV95, RVA, y defendida por Hendriksen, págs. 216-217; Morris (2), pág. 237; Stott, pág. 176.

213   Ver Romanos 8:23; 11:16 ("primera porción"); 16:5; 1 Corintios 15:20, 23; 16:15.

214   *Cf.* 1 Corintios 2:7: *Dios predestinó antes de los siglos*; Efesios 1:4: *Nos escogió en él antes de la fundación del mundo*; Colosenses 1:26: *El misterio oculto desde los siglos*.

Santificación y fe (2:13b)

… en santificación de espíritu y fe de verdad…

Sin embargo, esto no quiere decir que Dios nos salva al margen de nuestra responsabilidad humana. Aunque, en la eternidad, la decisión fue tomada por Dios como expresión de su voluntad inapelable, el hombre, en el espacio y el tiempo, ha de tomar en libertad su propia decisión por la fe. Él es salvo eternamente por la elección de Dios, pero ha de "hacer firme su llamamiento" (2 Pedro 1:10) mediante "la santificación de espíritu y la fe verdadera".[215]

Solemos pensar que la santificación y la fe que justifica siguen el orden inverso: primero somos justificados y "salvos" por creer el evangelio; después, entramos en el proceso de la santificación por medio del Espíritu Santo. Así, tendemos a pensar que la "salvación" es cosa del pasado y que nuestra transformación presente es algo "adicional". Pero, en la mente de Pablo, la salvación es un proceso que dura toda la vida: ciertamente, hay un momento inicial caracterizado por la fe que nos justifica ante Dios, pero la acción salvadora de Dios de ninguna manera se limita a ese primer momento.

No debe sorprendernos, pues, que, para el apóstol, la santificación sea un elemento fundamental en nuestra salvación, y no solamente una consecuencia de ella. Si entendemos esto, comprendemos también que nunca podemos conformarnos con el momento inicial, cruzándonos los brazos, esperando que el Señor venga a recogerme y despreocupándome de la santificación. El crecimiento en santidad es un medio de salvación, así como lo es la justificación por la fe.

---

215 Nuestra versión entiende la frase "santificación de espíritu" como refiriéndose a la santificación de nuestro espíritu humano (con e minúscula). Sin embargo, todas las demás traducciones consultadas suponen que la referencia es a la obra de santificación llevada a cabo en nosotros por el Espíritu Santo (con E mayúscula): BJ, BP, BVA, CI, DHH, LBLA, LP, NC, NVI, RV60, RV95, RVA; Hendriksen, pág. 215; Morris (2), pág. 238; Stott, pág. 176. En realidad, no hace falta pelearnos sobre este asunto, porque una cosa no es posible sin la otra.

La salvación no es una mera escapatoria del infierno, sino una renovación y restauración de todo nuestro ser. El plan de Dios para nosotros es que seamos hechos conforme a la imagen de su amado Hijo (Romanos 8:29). Es decir, hemos de llegar a ser partícipes de la perfecta humanidad de Jesús; Cristo ha de ser formado en nosotros (Gálatas 4:19) y eso no se logra en un día, sino por medio de un largo proceso de transformación a su semejanza, de gloria en gloria (2 Corintios 3:18).[216]

Sí, nuestra santificación completa es la meta que Dios ha establecido para nosotros y a la cual debemos aspirar y esforzarnos. Ya en la primera carta, Pablo lo había dicho: *La voluntad de Dios [es] vuestra santificación… porque no nos llamó Dios a impureza, sino a santificación* (1 Tesalonicenses 4:3, 7). Dios quiere "separarnos" para que seamos un pueblo distintivo, un pueblo que refleje el carácter y los valores de Jesús y viva para la gloria de Dios.

Y, para que esto se convierta en una realidad, necesitamos no solamente la poderosa obra en nosotros del Espíritu Santo, sino también una "verdadera fe".[217] Dios se sirve de muchas circunstancias y de muchos medios en el proceso de nuestra transformación, la mayoría de los cuales son un reto a nuestra perseverancia. Solamente si vamos afirmándonos en la fe seguiremos hasta la meta. La fe caracteriza el comienzo del camino cristiano, pero ha de mantenerse también hasta el fin.[218] Y así lo hará si es una fe viable y genuina.

---

216 Hendriksen, pág. 216, describe esta transformación como el *proceso que nos mueve progresivamente a ser desatados del mundo y adheridos a Cristo hasta que su imagen sea completamente formada en nosotros.*

217 Muchas versiones (BJ, BVA, CI, DHH, LBLA, LP, NVI, RV60, RV95, RVA) traducen esta frase como "fe en la verdad". El texto griego dice literalmente "fe de verdad". Por eso, otras traducciones (BP, BTX, NC) suponen que Pablo apunta aquí un contraste entre la fe auténtica y aquella "fe" espuria que es incapaz de resistir a los embistes del misterio de la iniquidad, sino que acaba en la apostasía.

218 *Cf*, Morris (2), pág. 238: *La fe de la que Pablo habla aquí no es sencillamente un solo acto inicial, sino un hábito permanente.*

Llamamiento y gloria (2:14)

… a lo cual os llamó mediante nuestro evangelio, para alcanzar la gloria de nuestro Señor Jesucristo.

Hemos descrito la vida cristiana como un camino o un viaje que, lógicamente, tiene un punto de partida y un destino. Pablo ahora nos habla de ellos. El punto de partida es descrito aquí como el "llamamiento de Dios por medio del evangelio" (*cf.* 1:11). Entiéndase: "el punto de partida" desde nuestra perspectiva humana. Pablo ya ha establecido que el auténtico comienzo de nuestra salvación se halla en la eternidad, en la elección soberana de Dios. Pero nadie entra en el camino sin que Dios lo llame, y el llamamiento eficaz de Dios es consecuencia de su elección eterna: *A los que antes escogió, también los predestinó… y a los que predestinó, a estos también llamó* (Romanos 8:29-30). Por así decirlo, la decisión eterna de la elección divina irrumpe en el espacio y el tiempo cuando Dios nos llama, y el método por el cual toma forma aquel llamamiento es la proclamación del evangelio.

Así, el momento en que irrumpió la voz de Dios en la experiencia de los tesalonicenses, convocándoles al camino de la salvación, fue cuando llegaron los tres misioneros anunciando el evangelio en la ciudad. Por eso, Pablo lo llama "nuestro evangelio", no porque fuera invención de ellos, sino porque ellos habían sido los instrumentos utilizados por Dios para hacer llegar el mensaje a Tesalónica. Todo lo que Dios se había propuesto para aquellos creyentes en la eternidad antes de la fundación del mundo se hizo realidad en el tiempo y espacio por medio de aquella visita misionera.

Notemos bien el sabio equilibrio de la enseñanza de Pablo. Lo divino no neutraliza lo humano, ni mucho menos al revés. La elección eterna de Dios no hace innecesaria la proclamación del evangelio,[219] y la decisión inalterable de Dios no hace superflua la decisión res-

---

219   *Cf.* Stott, pág. 176: *Lejos de socavar la evangelización, la doctrina de la elección divina la hace esencial, porque, por medio de la predicación del evangelio, Dios nos llama a sí mismo.*

ponsable del hombre. Dios elige y llama, pero el predicador es su heraldo para hacer llegar el llamamiento y el oyente es quien tiene que ejercer fe y creer el evangelio. El nivel humano de las responsabilidades jamás está en conflicto con el nivel divino de la soberanía.

¿Y cuál es el destino de nuestro viaje? ¿A dónde nos dirigimos en el camino cristiano? Pablo lo llama "alcanzar la gloria de nuestro Señor Jesucristo". Esto nos remite a 1:9-12. Allí vimos que la presencia del Señor se caracteriza por "la gloria de su poder" (1:9), que nuestra admiración en aquel día cuando lo veamos venir en majestad será tal que no dejaremos de "glorificarlo" (1:10) y que, mientras tanto, debemos obrar de manera que él sea "glorificado en nosotros" aquí y ahora.

Desde luego, el final del camino no es descrito negativamente en las Escrituras como una mera escapatoria del infierno, sino positivamente en términos de "gloria". Si el destino de los incrédulos es "la exclusión de la presencia del Señor y de su glorioso poder", entonces cae por su propio peso que el destino de los santos ha de ser la presencia del Señor para siempre (1 Tesalonicenses 4:17) y el disfrute de su gloria. Esto último participará de dos matices, al menos. Por un lado, el proceso de nuestra transformación de gloria en gloria acabará en nuestra completa glorificación: *Cuando él sea manifestado, seremos semejantes a él, porque lo veremos tal como es* (1 Juan 3:2). Y, a la vez, conoceremos la deslumbrante gloria de Jesús mismo. Quizás anticipando en imaginación el resplandor de aquella revelación, Pablo da a Jesús su título más completo y majestuoso: *nuestro Señor Jesucristo.*

Así pues, el plan de Dios para nosotros es abrumadoramente maravilloso: que seamos gloriosos, como Jesucristo lo es. Y para que este plan de salvación se ejecute con total éxito, Dios nos ha amado, nos ha escogido, nos ha destinado a la salvación, nos ha llamado y nos está santificando y glorificando.

Firmeza y fidelidad

2 Tesalonicenses 2:15

Capítulo 14

Estad firmes (2:15)

Así que, hermanos, estad firmes...

Después de dar gracias a Dios por la fidelidad de los tesalonicenses (2:13-14), Pablo pasa a exhortarles en 2:15 y a orar por ellos en 2:16-17.[220] De hecho, en esta segunda mitad de su carta, Pablo seguirá el mismo patrón en tres ocasiones (2:15-17; 3:4-5; 3:13-16): primero viene la exhortación; luego, el deseo del apóstol para con sus lectores, expresado en forma de bendición u oración a Dios:

2:15-17	3:4-5	3:13-16
Exhortación: La obligación de estar firmes y retener las doctrinas (2:15)	Exhortación (implícita): La obligación de obedecer las instrucciones apostólicas (3:4)	Exhortación: La obligación de hacer el bien y mantener la disciplina (3:13-15)

---

220 Estrictamente, este último texto no es una oración, porque Pablo no se dirige a Dios en segunda persona ("Señor, consuélalos"), sino que expresa en tercera persona un deseo en forma de bendición: *Y nuestro mismo Señor consuele vuestros corazones.*

2:15-17	3:4-5	3:13-16
Intercesión: El Señor os consuele (2:16-17)	Intercesión: El Señor guarde vuestros corazones (3:5)	Intercesión: El Señor os dé paz (3:16)

La presente exhortación empieza con un "así que" que nos remite, por un lado, a los peligros del error y el engaño (2:3-12) y, por otro, a lo que el apóstol acaba de decir acerca del evangelio (2:13-14). Los muchos anticristos que han salido al mundo, las ideologías y formas de pensar que abundan en la sociedad, y las ideas erróneas que se infiltran en la iglesia exigen de nosotros actitudes de vigilancia, resistencia y fidelidad. La inmensidad de la obra de Dios en el evangelio exige que nos aferremos a la doctrina y cuidemos constantemente nuestro testimonio.[221]

El gran temor de Pablo con respecto a los tesalonicenses era que sucumbieran ante la influencia del espíritu del Anticristo. Como creyentes recién convertidos, estaban bajo el ataque de la persecución desde fuera y de las enseñanzas erróneas desde dentro. ¿Qué garantía había de que, sometidos a tanta presión, siguieran fieles al Señor? Solo se mantendrían firmes si entendían verdaderamente el alcance universal del evangelio: desde la elección eterna de Dios antes de la fundación del mundo hasta la redención final y la gloria venidera en el retorno de Cristo. Así pues, en base al pequeño resumen del evangelio que acaba de darles (2:13-14), exhorta a sus lectores a mantenerse firmes en la fe. En realidad, el propósito de toda la carta ha sido reforzar y confirmar el compromiso de aquellos creyentes. En cierto sentido, las frases sencillas de 2:15 resumen el tema fundamental de la epístola: la necesidad de firmeza en medio de muchos motivos de desconcierto y engaño.

---

221 "Constantemente", porque los imperativos del versículo 15 están en tiempo presente continuo.

Sin embargo, la lógica de Pablo en este momento es muy diferente de lo que podríamos haber esperado. Acaba de enfatizar la soberanía de Dios en la salvación: él es quien elige, llama y conduce a sus hijos a la gloria; desde el principio hasta el fin, nuestra salvación es obra suya. Por tanto, nuestra lógica humana diría: Puesto que Dios es quien nos salva, no necesitamos esforzarnos. Pero la de Pablo es justo la contraria: Puesto que Dios es el autor y consumador de nuestra salvación, debemos esforzarnos como nunca.

En otras palabras, la idea del apóstol aquí es similar a la que encontramos en Filipenses 2:12, donde dice que debemos ocuparnos y esforzarnos en nuestra salvación, y eso con absoluto temor y temblor, precisamente porque Dios es quien hace posible "el querer como el hacer". Pablo no dice: Puesto que ni siquiera podéis *desear* ser salvos si Dios no activa en vosotros esta aspiración, ni mucho menos podéis lograr la salvación vosotros mismos, relajaos, descansad en la iniciativa de Dios, porque no vale la pena esforzaros; sino todo lo contrario: Puesto que *Dios* es quien obra estas cosas en vosotros, vale la pena esforzaros y es un asunto muy serio no hacerlo. ¡Un nuevo ejemplo de cómo la soberanía divina y la responsabilidad humana no se contradicen, sino que se complementan!

Y, efectivamente, la obra salvadora de Dios nunca invalida ni hace innecesario nuestro compromiso humano. Hay mucha gente que parece desear que, al salvarles, Dios anule su personalidad y su entidad humana. Por ejemplo, quieren que el Espíritu Santo sea una fuerza tal en ellos que ya no tengan que ejercer ningún control sobre sí mismos, sino que el Espíritu lo haga todo. Desean ser "poseídos" por él. No han comprendido que esta clase de actuación es digna de los demonios, pero no de Dios. De ninguna manera desea destruirnos al salvarnos. Su obra en nuestras vidas no tiene el efecto de disminuir nuestra humanidad, sino de restaurarla.

Por eso mismo, en 2 Timoteo 1:7, no se nos dice que el Espíritu es "de dominio" a secas, sino "de dominio propio". Es decir, su función en nuestras vidas no es dominarnos y controlarnos como si fuéramos títeres, sino capacitarnos para el autodominio y el autocontrol. Puede parecer paradójico, pero cuanto más nos sometemos al Espíritu, tanto más descubrimos que nuestra plena humanidad es restaurada y logramos dominar aquellos hábitos y pecados que antes nos dominaban a nosotros.

Así pues, volviendo a nuestro texto, vemos que Pablo no anima a los tesalonicenses a descansar pasivamente en la obra de Dios, sino a tratar esa obra como el fundamento y la razón de ser de su propio esfuerzo en el camino de la santidad. El hecho de que Dios sea el forjador de nuestra salvación no anula nuestra responsabilidad humana, sino que la hace viable.[222]

¡Estad firmes! Se trata de la orden dada a los soldados cuando están en batalla afrontando el ataque del enemigo. Es un llamamiento al coraje y a la valentía en situaciones que podrían provocar pánico y el deseo de romper filas y huir. Es casi como si Pablo dijera: "Acabo de describiros el misterio de iniquidad que ya está operando en el mundo y que alcanzará su culminación cuando se manifieste el Anticristo. El enemigo es poderoso y engañoso. Desea devoraros. Sin embargo, la solución no es escondernos en guetos, vencidos por el miedo. El Espíritu no es solamente de dominio propio, sino que, decididamente, *no* es espíritu de cobardía (2 Timoteo 1:7). Fortalecidos con su poder, pues, debemos seguir luchando en primera línea vestidos de toda la armadura de Dios, *para que podamos resistir en el día malo y, habiendo hecho todo, estar firmes. Estad firmes, pues* (Efesios 6:13-14). Dios suple todos los recursos necesarios, pero a nosotros nos toca resistir en la batalla".[223]

El panorama de maldad y perdición que vemos a nuestro alrededor no debe ser motivo de desánimo. Precisamente porque la sociedad humana es teatro de operaciones del misterio de iniquidad y

---

222   *Cf.* Stott, pág. 177: *Las afirmaciones de Pablo acerca de los estables propósitos salvíficos de Dios para su pueblo no justifican una pereza irresponsable, sino que constituyen la misma base sobre la cual puede exhortarles confiadamente a que estén estables ellos mismos.*

223   Para exhortaciones a estar firmes, véase también Romanos 14:4; 1 Corintios 16:13; Filipenses 1:27; 4:1; 1 Tesalonicenses 3:8.

porque el mundo está abocado a la perdición, Dios ha elaborado su plan de salvación para los escogidos (2:13). Si no hubiera iniquidad en el mundo, no haría falta el mensaje del evangelio. Lejos de asustarnos y acobardarnos, las diversas manifestaciones anticristianas deberían estimularnos a vivir vidas consagradas y santas, y a mantener firme nuestro testimonio.

Retened las doctrinas (2:15)

... y retened las doctrinas como fuisteis enseñados, bien por palabra o por epístola nuestra.

¿Y cómo podemos mantenernos firmes, especialmente cuando nuestro enemigo es un experto en toda clase de engaños? El único antídoto a las sutilezas erróneas del maligno es imbuirnos de la Palabra de Dios, la revelación de la verdad. Cuando todo parece tambalearse a nuestro alrededor, lo que nos hace falta es algo sólido y seguro a lo que aferrarnos. Y, por supuesto, la única manera de no ser engañados por falsas enseñanzas es conocer a fondo y aferrarnos a las verdaderas.

Desde luego, la "firmeza" es un asunto de toda la vida, de todo el ser, no solo de la mente. Tenemos que estar firmes también en nuestro afecto, en nuestras aspiraciones y en nuestra voluntad. Pero todo empieza con la mente. Si nuestras creencias son correctas, esto influirá en todo lo que somos y nos capacitará para resistir también en estos otros niveles. Pablo mismo ya había indicado la importancia de la firmeza doctrinal en 2:2: *No moveros fácilmente de vuestro modo de pensar.*

El peligro de la apostasía está siempre presente y Pablo acaba de advertirnos acerca de la gran apostasía que se acerca (2:3). Cae por su propio peso que cuanto más ignorantes somos de lo que Dios nos ha revelado en las Escrituras, tanto más fácilmente nos desviaremos al error, siguiendo los peligrosos vientos de doctrina que soplan en cada generación (Efesios 4:14), y tanto más protegidos nos encontraremos ante los poderes maléficos, las señales milagrosas, los prodigios mentirosos y el engaño de iniquidad cuando estos se manifiesten en la apostasía final.

Por eso, es muy importante el "adoctrinamiento" de los creyentes. Esta palabra suena a cosa peligrosa. Pablo parece estar abogando a favor del lavado de cerebro, y en un sentido lo está. Pero debemos entender que las Escrituras revelan que todo ser humano es víctima de un lavado cerebral. El diablo, por medio de los medios de comunicación del mundo, ha logrado cegar a la gente. Nos lavan el cerebro cada vez que enchufamos la televisión o asistimos a clases en el instituto o la universidad. Nos alimentan con la información que les interesa. Van configurando nuestro modo de pensar. Lo que ocurre es que hay lavados buenos y malos. Todas nuestras ideas las hemos recibido de alguna parte, para bien o para mal. Como creyentes, queremos limpiar la mente de ideas nocivas procedentes del mundo y llenarla de los pensamientos de Dios.[224]

Pablo llama a estos pensamientos literalmente "tradiciones" (en griego, *paradoseis*), es decir, verdades que han sido transmitidas fielmente de persona a persona, de generación a generación. A los evangélicos, nos asusta la palabra "tradición" a causa de sus reminiscencias católicas, puesto que la doctrina de Roma se funda no solamente en las Escrituras, sino en la acumulación de "tradiciones" de dudosa veracidad y autoridad, añadidas como dogmas a lo largo de los siglos.[225] Pero es perfectamente válido emplear este vocablo con referencia a las enseñanzas apostólicas, que fueron comunicadas inicialmente de boca a boca.[226] La transmisión de las tradiciones es

---

224 Otros textos que hablan del proceso del adoctrinamiento y de la transmisión de las tradiciones son Romanos 6:17; 16:17; 1 Corintios 15:1-2; Filipenses 4:9 y Judas 3.

225 Recordemos que Jesús mismo hablaba negativamente de aquellas tradiciones que solo eran de cosecha humana. Véase, por ejemplo, Marcos 7:3, 5, 8, 9, 13 (*cf.* Gálatas 1:14; Colosenses 2:8).

226 Pablo vuelve a emplear esta palabra en 1 Corintios 11:2 ("instrucciones") y 2 Tesalonicenses 3:6 ("enseñanza").

descrita perfectamente en el conocido texto de 2 Timoteo 2:2: *Las cosas que oíste de mí a través de muchos testigos, estas encarga a hombres fieles que sean idóneos para enseñar también a otros.* Las buenas tradiciones de los apóstoles constituyen el "depósito" de sana doctrina al que Pablo se refiere en esa misma epístola (1:13-14) y que Timoteo debe "retener" y guardar en su ministerio.

Las tradiciones apostólicas son los fundamentos de la fe y la vida cristianas, mientras que las subsecuentes tradiciones eclesiales forman una superestructura que la iglesia ha erigido sobre ellos. Las tradiciones primarias son las que debemos "retener", porque son las que los apóstoles recibieron de Cristo (o bien del Cristo histórico, o bien del viviente Espíritu de Cristo), las cuales enseñaron a la iglesia primitiva oralmente o por carta y que han sido preservadas en nuestro Nuevo Testamento. En nuestro caso, "estar firmes y retener las tradiciones" significa ser cristianos bíblicos o evangélicos, absolutamente leales a las enseñanzas de Cristo y sus apóstoles.[227]

El adoctrinamiento de la congregación por medio de esas tradiciones es responsabilidad prioritaria de la iglesia local y, sobre todo, de los pastores de la misma. Ellos tienen el llamamiento y ministerio específicos de alimentar a las ovejas (Juan 21:15-17). El propio Pablo asumió esta responsabilidad. A los tesalonicenses les dio clases de formación estando con ellos en Tesalónica. Ahora, expulsado de la ciudad, continúa formándoles mediante sus cartas. Si a nosotros nos cuesta "retener las enseñanzas" a pesar de tener todas las Escrituras del Nuevo Testamento, ¡cuánto más difícil tiene que haber sido para los tesalonicenses que solamente habían recibido enseñanzas oralmente a través del apóstol durante su estancia en la ciudad y a través

---

227   Stott, pág. 178. Comentan Hogg y Vine, pág. 277: *De esta exhortación podemos deducir dos cosas: primero, que la era de la transmisión oral de la fe estaba cediendo ante la transmisión literaria más segura; y, segundo, que las "tradiciones" no eran distintas de la palabra escrita; lo oral dio lugar a lo escrito, y esto contenía aquello. No existe ningún cuerpo de tradiciones autorizadas aparte y distinto de la Biblia, como pretenden algunos.*

de alguna carta suya posterior! ¡Y qué fácil era que algún maestro itinerante entrara en la congregación trayendo consigo supuestas revelaciones especiales del Espíritu y engañara a los poco formados!

¿A qué "epístola" se refiere este versículo? Probablemente, a 1 Tesalonicenses.[228] En 5:27 había dado instrucciones estrictas de que fuera leída a todos los hermanos, incluyendo a los que estaban causando problemas. *Todos* deben ser formados.

Pero, sea cual sea la epístola en cuestión, notemos que la transmisión de tradiciones debe ser por carta *nuestra*. No han de dejarse engañar por escritos no autorizados. Es probable que este énfasis se deba a la preocupación de los misioneros por escritos que estaban circulando en aquel momento que pretendían ser de autoría paulina, pero que eran falsificaciones.

Así pues, la meta perseguida por el apóstol es la firmeza de los tesalonicenses. Para ello deben saber bien lo que creen y por qué lo creen. Necesitan alcanzar la madurez en Cristo para poder ser personas que se mantengan fieles aun en medio de la persecución y los ataques ideológicos del engaño.

Para poder estar firmes, debían "retener las enseñanzas" dadas por los tres misioneros, no porque ellos fueran en sí hombres infalibles, sino porque traían consigo el mensaje infalible del Hijo de Dios.[229] Pablo mismo lo había dicho en 1 Tesalonicenses 2:13: *Habiendo recibido de nosotros la palabra del mensaje de Dios, la acogisteis, no como palabra de hombres, sino tal como es en verdad, palabra de Dios.*

---

228   *Cf.* Erdman, pág. 91; Green, pág. 342; Morris (1), pág. 157; (2), pág. 240.

229   *Cf.* Morris (2), pág. 240: *El mensaje cristiano… no tiene su origen en la imaginación fértil de los hombres, sino que arranca de la vida, muerte, resurrección y ascensión de Jesucristo. Pablo niega ser el inventor de estas enseñanzas, y dice explícitamente que las cosas que transmitía las había recibido previamente (1 Corintios 15:3)… Es un mensaje que deriva en última instancia de Dios. Como tal, debe ser recibido con humildad y transmitido con fidelidad.*

Consuelo y estímulo

2 Tesalonicenses 2:16-17

Capítulo 15

El Dios de consuelo y esperanza (2:16)

Y el mismo Señor nuestro, Jesucristo, y Dios nuestro Padre, quien por gracia nos amó y nos dio consolación eterna y buena esperanza...

Pablo acaba de dirigirse a los tesalonicenses exigiéndoles firmeza y fidelidad al evangelio (2:15). Ha hablado como si toda la responsabilidad cayera sobre ellos. Sin embargo, él sabe muy bien que la salvación, desde el principio hasta el final, es cuestión de la gracia de Dios. Si el seguimiento en la vida de fe y en el testimonio fuera obligación *solamente* de ellos, poca esperanza habría de que llegaran a buen término. Por eso, acto seguido, el apóstol deja atrás la responsabilidad humana y se vuelve al poder sustentador de Dios. Los creyentes no se mantendrán firmes si es cuestión únicamente de esfuerzos humanos. Necesitan que Dios les proporcione el ánimo y el fortalecimiento en el hombre interior para poder hacerlo. Así pues, tras la exhortación humana viene la oración pidiendo la necesaria ayuda divina.[230]

---

230   Cf. Hendriksen, pág. 217: *Los tesalonicenses no podrán estar firmes y aferrarse a las tradiciones a menos que Dios en Cristo aliente y fortalezca sus corazones.*

Esta oración es notablemente similar a la de 1 Tesalonicenses 3:11-13: aparece en un lugar similar en el desarrollo de la epístola, entre la exposición doctrinal y la exhortación ética; se dirige a las mismas dos personas, el Padre y el Hijo; y se centra en la necesidad de la afirmación del corazón.[231]

Como es habitual en sus oraciones, Pablo se dirige tanto a "nuestro mismo Señor, Jesús el Mesías" como a "Dios nuestro Padre", porque ve en ellos la doble fuente de toda bendición espiritual. Ya vimos esto en la salutación inicial (1:2): *Gracia y paz a vosotros, de Dios Padre y del Señor Jesucristo*. Igualmente, el Padre y el Hijo son el origen de la gracia en 1:12. Pablo, pues, ora a dos personas, pero lo curioso es que los verbos que emplea a continuación están en singular, como si tuvieran un solo sujeto. Esto no puede deberse a un despiste gramatical del apóstol, porque hace exactamente lo mismo en 1 Tesalonicenses 3:11: *El mismo Dios y Padre nuestro, y Jesús, Señor nuestro, **dirija** [singular] nuestro camino a vosotros*, y en otros lugares.[232] En el presente caso, si se tratara únicamente de los verbos del versículo 16, pensaríamos que quien "nos amó y nos dio consolación" es solamente Dios Padre, no el Señor Jesús.[233] Pero es evidente que los dos han de ser el sujeto de los verbos singulares del versículo 17: "consuele" y "afiance" (porque, si no, "nuestro mismo Señor" queda colgado en el aire como sujeto sin verbo), lo cual hace probable que sean conjuntamente el sujeto de los del 16. Las personas son dos, pero en realidad constituyen un único Dios, una sola fuente de donde emanan las bendiciones solicitadas, y, por tanto, merecen verbos en singular.

También llama la atención que Pablo nombre primero al Hijo y después al Padre (como lo hace también en 2 Corintios 13:14). Nor-

---

231 Comenta Stevens, pág. 529: *Estas exhalaciones de oración no son "inserciones". No interrumpen el pensamiento, sino que surgen de él y se unen inseparablemente con él.*

232 Comenta Lightfoot, citado por Morris (2), pág. 241: *Probablemente no exista ningún caso en los escritos de Pablo en que una mención de las dos Personas de la Trinidad vaya acompañada por un verbo o adjetivo plural.*

233 Así lo entienden Airhart, pág. 553; Green, pág. 342; Lacueva-Henry, pág. 333; Morris (1), pág. 158; (2), pág. 242. Los demás comentaristas consultados piensan que tanto el Padre como el Hijo son el sujeto.

malmente sigue el orden inverso. No veo aquí ninguna explicación especial ni ningún matiz doctrinal excepcional, salvo que, para la teología de Pablo, "tanto monta, monta tanto",[234] y que, para él, Jesucristo ocupa el lugar más elevado imaginable.[235] En todo caso, lo importante es que hay un solo Dios verdadero, al que conocemos en la persona del Padre y en la persona del Señor Jesús. Juntas, las dos constituyen el origen de aquellos recursos que necesitamos para sostenernos en el camino de la fe.

Sin embargo, antes de pedir esos recursos a favor de los tesalonicenses, Pablo recuerda a sus lectores cuatro características de ese Dios único, cuatro verdades que hacen probable que su petición sea contestada favorablemente. Aquí tenemos un ejemplo a seguir: siempre es conveniente, antes de acudir a Dios con una lista de peticiones, dedicar tiempo a meditar sobre su carácter y su obra, a fin de ajustar nuestra voluntad a lo que sabemos acerca de él. Pero veamos estas características suyas:

1. Nos amó

Esto es lo fundamental. Nos atrevemos a pedir su ayuda porque, como acabamos de ver en 2:13, sabemos que somos "amados por el Señor" con el "gran amor con que nos amó" (Efesios 2:4) y que, como consecuencia, él desea nuestro bien y es su intención declarada prestarnos toda la ayuda necesaria para que podamos llegar a nuestro destino eterno. Pero notemos que Pablo no dice: "Nos ama" (aunque, por supuesto, esto es cierto), sino: "Nos amó". El tiempo del verbo (en griego, un participio aoristo) sugiere que el apóstol está pensando en un momento concreto del pasado, el cual podría ser el de antes de la fundación del mundo cuando nos eligió, o el de la encarnación

---

234 *Cf.* W. Neil, citado por Bruce, pág. 1164: *El único significado teológico relacionado con la variación del orden es que existía en la mente del apóstol una igualdad completa entre el padre y el Hijo;* MacDonald, pág. 1031: *¿Qué es esto sino una indicación adicional de la unidad de la naturaleza del Hijo y del Padre en la Deidad?*

235 Sin duda, la inclusión de la palabra "mismo" (*nuestro mismo Señor, Jesús el Mesías*) tiene una finalidad similar: enfatizar la suma elevación de Cristo. En todo caso, este uso es típico de Pablo. Véase 3:16; 1 Tesalonicenses 3:11; 5:23.

cuando envió al Hijo al mundo, o el de nuestra conversión, cuando su amor llegó a ser una realidad en nuestra experiencia, pero que probablemente sea el momento cuando entregó a su Hijo a la muerte; porque, en la Biblia, la cruz es siempre la medida y el punto de referencia del amor de Dios.[236]

2. Nos dio consolación eterna

Solemos emplear la palabra "consolación" en situaciones de tristeza o angustia en las que necesitamos que alguien nos sirva de "paño de lágrimas". En cambio, el vocablo griego no tiene estas connotaciones un tanto negativas, referidas al alivio del dolor,[237] sino que nos habla del aliento, fortalecimiento y buen ánimo que recibimos por medio del evangelio. Su significado es muy amplio. Es una palabra relacionada etimológicamente con el "Consolador", el Paracleto, el que está a nuestro lado para guiarnos, aconsejarnos, reprendernos, animarnos y fortalecernos, además de consolarnos. En 1 Tesalonicenses 2:3, se traduce como "exhortación".[238] Es cierto que, en algunos momentos de nuestro peregrinaje, necesitaremos literalmente el consuelo de Dios.[239] Pero, más aún, nos hace falta a diario su dirección, su paz, su fortalecimiento, sus buenos consejos.[240] Podemos contar

---

236 Cf. Morris (2), pág. 242: *Tanto el verbo "amó" como "dio" son [en el texto original] participios aoristos. Es probable, pues, que se refieran a acciones definidas. "Quien nos amó" se refiere principalmente al amor de Dios mostrado en la cruz; "nos dio consolación eterna", al don de Dios cuando nos hizo entrar en un estado de salvación;* Hogg y Vine, pág. 278: *El amor de Dios Padre se ve en esto, en que envió a su Hijo para ser la propiciación de nuestros pecados (1 Juan 4:10)… El amor del Hijo se ve en esto, en que puso su vida por nosotros (1 Juan 3:16).*

237 Ver Hogg y Vine, pág. 278; Morris (2), pág. 242.

238 Cf. Ewert, pág. 1094: *Este sustantivo cubre un área amplia de significado y puede ser traducido como "ánimo", "consuelo", "coraje", etc. Dado por la gracia de Dios, no solamente está sin límite temporal, sino que es diferente en calidad del consuelo que esta edad presente puede proporcionar.*

239 Cf. Pérez Millos, pág. 66: *[Puesto que] la vida de fe, en la gracia, es gozosa pero encierra persecuciones y dificultades (2 Timoteo 3:12), el cristiano necesita consuelo en lo más íntimo.*

240 Cf. Erdman, pág. 92: *Es un consuelo que da fortaleza para soportar todas las pruebas de la vida, incluso para desafiar a la muerte, y para descansar con la seguridad de que nada puede impedir que los que son objeto del amor divino compartan la gloria futura de Cristo.*

permanentemente con ellos, porque, según Pablo, su "consolación" no es una cosa puntual, temporal o momentánea, sino eterna.[241] A este respecto, recordemos que el Paracleto, el que nos ministra el consuelo de Dios, mora con nosotros "para siempre" (Juan 14:16).

3. Nos dio buena esperanza

El concepto bíblico de "esperanza" es altamente positivo y activo: no es "esperar con los brazos cruzados"; tampoco es una esperanza tenue: "espero que sí, pero no estoy absolutamente seguro"; sino que se trata de una plena convicción que nos infunde una gran expectación gozosa. Ahora, Pablo añade que la esperanza que hemos recibido es "buena", es decir, firme, sólida y bien fundada.[242] No seremos defraudados. Nuestras expectativas se cumplirán con creces. El futuro depara muchas cosas temibles, tal y como hemos visto en este capítulo, pero, más allá de ellas, esperamos el glorioso retorno de Jesús, la vindicación de su pueblo y la entrada en nuestra herencia eterna.

4. Nos las dio por gracia[243]

Y todas estas bendiciones que hemos recibido de la mano de Dios, su amor, su disposición a colocarse a nuestro lado al pasar las pruebas del presente y la esperanza que nos proporciona de cara al futuro, nos las da por pura gracia. Pablo nunca puede omitir una referencia a la gracia divina. Fue motivo continuo de asombro para él ¡que Dios mostrara tanta misericordia a personas que, lejos de merecérnosla, tendríamos que haber sido pagados con todos los rigores de la justicia divina!

---

241   Cf. Stevens, pág. 529: *No el consuelo pasajero, ilusorio, recibido de fuentes terrenales, sino el que perdura y es perenne*; Hogg y Vine, pág. 278: *El futuro de los afligidos está puesto en contraste con el de sus perseguidores. Además, la aflicción es transitoria; la recompensa, permanente.*

242   Comenta Ewert, pág. 1094: *Nuestra esperanza es "buena" porque se extiende más allá de la tumba, porque no está arraigada en las vicisitudes del orden presente y porque no será avergonzada (Romanos 5:5).*

243   Morris (2), pág. 242, puntualiza que la frase *"por gracia"* no debe aplicarse a *"esperanza"*, sino a *"nos dio".*

Consolación y firmeza (2:17)

… consuele y confirme vuestros corazones en toda obra y palabra buena.

Puesto que Dios es como es y nos ha colmado de estas bendiciones en Cristo, Pablo no duda en hacerle llegar su petición a favor de los tesalonicenses. Pide para ellos "consuelo" y "confirmación", los mismos vocablos que empleó en 1 Tesalonicenses 3:2 como la finalidad de la visita de Timoteo a Tesalónica, traducidos en nuestra versión como "exhortaros" y "fortaleceros". Este pequeño detalle nos recuerda que, a veces, el fortalecimiento y la exhortación de Dios nos llegan a través de siervos humanos que él nos envía para este propósito.

A primera vista, su petición parece un tanto contradictoria o innecesaria. Si Dios ya ha concedido "consolación" a los creyentes, ¿qué necesidad hay de que "consuele su corazones"? Además, si la obra de Dios en ellos es tan perfecta y completa, si los escogió para salvación en santificación de espíritu y fe verdadera (2:13), ¿qué necesidad hay de pedirle que los afirme? ¿Acaso no es obvio que lo va a hacer? Pero las Escrituras están llenas de esta ambivalencia: en Cristo ya somos herederos de todos los recursos de la gracia, pero seguimos necesitando que nos sean concedidos. Aunque es cierto que Dios ya nos ha dado su amor, consuelo y esperanza, también lo es que nos hacen falta las oraciones de nuestros hermanos para que podamos experimentar estas cosas con plenitud. Muchas veces, aun sabiendo que Dios es fiel y está a nuestro lado, tenemos que luchar en oración para que estas verdades se hagan reales en nuestra experiencia.[244] Así pues, la lógica de Pablo no es: Puesto que Dios es "Dios de toda consolación" (2:16; 2 Corintios 1:3), *no hace falta* que yo pida que consuele a los tesalonicenses;

---

244 Cf. Fickett, págs. 144-145: *Los cristianos de Tesalónica estaban constantemente bajo la amenaza de la persecución. Tienen que haber pasado momentos de estar dispuestos a arrojar la toalla. El gran apóstol lo sabía. Por tanto, oraba por ellos que el Espíritu de Dios los alentara, los animara y supliera sus necesidades.*

sino: Puesto que él es Dios de consolación, por eso mismo *vale la pena* que se lo pida.[245]

Sin embargo, la petición del apóstol no es solamente que Dios bendiga a los tesalonicenses, sino también que ellos puedan ser de bendición para otros. Por eso, pide que sean confirmados o fortalecidos en toda buena obra y palabra. Intercede por ellos para que sean afirmados por Dios con esta finalidad explícita: una vivencia fiel que produzca buenas acciones y una conversación siempre edificante. Antes (1 Tesalonicenses 3:13), había pedido que fueran afirmados en santidad, en su consagración a Dios mismo; ahora, pide que lo sean en sus relaciones con el prójimo.

Ya estamos en condiciones de entender la línea de pensamiento de Pablo a lo largo de este capítulo. Ha empezado describiendo los terribles eventos que van a ocurrir en el futuro antes de la parusía: la gran apostasía, las falsificaciones del evangelio, los siniestros engaños satánicos y, finalmente, la aparición del Anticristo. Pero, en medio, ha indicado que estas cosas no solo son futuras, sino que el misterio de la iniquidad, del cual ellas son la manifestación final, ya opera en el mundo: el espíritu de anomia y los muchos pequeños anticristos están presentes con nosotros. Ante tales peligros, ¿qué posibilidad hay de que la pequeña congregación de creyentes recién convertidos en Tesalónica se mantenga firme y fiel? ¿Y qué garantía hay de que nosotros nos mantengamos firmes en nuestra generación?

Encontramos la garantía en la combinación de las tres cosas que vemos en esta sección: la acción de gracias (2:13-14), la exhortación (2:15) y la intercesión (2:16-17) del apóstol. Estas tres giran todas ellas alrededor de la necesidad de estabilidad en medio de las presiones del mundo. La elección y la llamada de Dios a la salvación, por las cuales Pablo da gracias, constituyen la base segura y firme de nuestra esperanza cristiana: por ellas tenemos esperanza de alcanzar la gloria

---

245   *Cf.* Stott, pág. 179: *El hecho de que Dios haya prometido hacer algo… lejos de hacer que la oración sea innecesaria, nos anima a orar. La oración no es la manera de lograr que Dios haga lo que ha dicho que no hará, sino el medio designado por Dios mismo por el cual abrir el camino para que el haga lo que ha prometido hacer.*

(2:14). Pero, humanamente hablando, necesitamos recibir también constantes exhortaciones a la firmeza y a la disciplina de aferrarnos a la palabra de Dios y alimentarnos de "las tradiciones" (2:15). Aun así, nuestras buenas intenciones y nuestros esfuerzos no serán eficaces excepto en la medida en que Dios nos ayude y supla los recursos de su gracia, por lo cual debemos interceder unos por otros (2:16-17). Estas tres cosas son básicas para nuestra estabilidad cristiana.

Pero, más allá de la elección soberana de Dios, de nuestra obligación humana y de los recursos divinos, está el amor de Dios. Pablo lo menciona tres veces en estos capítulos: sus lectores son amados por el Señor (2:13); el origen de la consolación eterna del evangelio está en el amor del Padre y del Hijo (2:16); y la oración siguiente del apóstol es que los corazones de los creyentes sean dirigidos hacia el amor de Dios (3:5):

> Detrás de la elección, el llamamiento y los dones de Dios, se encuentra su amor. El que Dios es amor, que ha puesto sobre nosotros su amor, que nos ama todavía y que su amor nunca nos abandonará, es el fundamento no solamente de toda realidad, sino también de nuestra confianza y estabilidad cristianas. Nuestra estabilidad sería no solamente imposible, sino también inconcebible, aparte de la permanencia del amor de Dios.[246]

---

246   Stott, pág. 180.

Oración a favor de los misioneros

2 Tesalonicenses 3:1-2

Capítulo 16

Orad por nosotros (3:1)

Por lo demás, hermanos, orad por nosotros...

Pablo suele emplear la frase "por lo demás" con la intención de introducir por medio de ella unas breves consideraciones finales al haber concluido el cuerpo principal de su carta (por ejemplo, 2 Corintios 13:11; Efesios 6:10).[247] Su intención parece ser tratar asuntos de menor importancia o de orden práctico. Pero Pablo no es el único predicador que encuentra que, una vez metido en los asuntos en cuestión, necesita más tiempo de lo previsto para desarrollarlos satisfactoriamente. Así, por ejemplo, esta frase aparece en Filipenses 3:1, más o menos a la mitad de la epístola, pero el apóstol se extiende mucho en lo sucesivo, lo cual le induce a repetirla en 4:8. Hemos visto algo similar en 1 Tesalonicenses 4:1: a pesar de esta frase, la epístola está aún lejos de finalizar. El caso presente es similar. El capítulo 3 de nuestra epístola no es un mero apéndice

---

247   Otras versiones (BJ, BVA, LBLA) traducen esta frase como "finalmente". *Cf.* DHH, NVI: "por último"; CI: "en fin".

sin importancia, sino que incluye algunas de las enseñanzas más importantes de la carta.[248]

La primera de las "consideraciones adicionales" es una exhortación a la oración y, específicamente, a la intercesión a favor de Pablo y de sus compañeros de ministerio. De hecho, gran parte del contenido de esta carta ya se ha expresado por medio de oraciones: todo el capítulo 1, con su enseñanza acerca de la parusía, se desarrolla formalmente a través de la acción de gracias (1:3) y la intercesión (1:11) del apóstol. Asimismo, el capítulo 2 acaba con una nueva oración de gratitud (2:13) y de solicitud (2:16-17) por los tesalonicenses. Es como si el apóstol viviera tan intensamente la realidad de la presencia de Dios, que le resultara natural pasar sin fisuras de la enseñanza de los hermanos a la oración al Señor.

Ahora, después de haber orado tanto por sus lectores, les pide que ellos también oren por él (*cf.* Romanos 15:30-32; 2 Corintios 1:11; Efesios 6:18-19; Colosenses 4:2-4; Filemón 22). Esta "complementariedad" en las plegarias es muy entrañable y conmovedora, y constituye una característica frecuente de las cartas paulinas. Para tomar un solo ejemplo, el apóstol comienza su carta a los Filipenses (1:3) con una oración a favor de ellos, pero luego, en 1:19, da por sentado que ellos también están intercediendo por él en la cárcel: *Sé que esto me resultará en liberación por medio de vuestra oración.* Orar unos por otros es una parte esencial de la comunión fraternal; también es una manera de romper con nuestra tendencia carnal a practicar la jerarquización en las iglesias. Si los fieles oran por los pastores con el mismo sentido de responsabilidad con que los pastores oran por ellos, entonces todos se manifiestan como tan necesitados como los demás y tan útiles como los demás. El ministerio llega a ser de todos para todos. Ya no es cuestión de que algunos den y otros reciban. La implicación de las palabras de Pablo, *hermanos, orad por nosotros,*

---

248   *Cf.* Hendriksen, pág. 224: *Es como si Pablo, habiendo terminado los capítulos 1 y 2, leyera lo que había escrito y decidiera añadir algunos asuntos importantes que no debían dejarse sin mencionar.*

es que todos nos necesitamos mutuamente y que la oración es una expresión de nuestra interdependencia.[249]

En otras palabras, quien no ora por sus hermanos ni desea que ellos oren por él no ha comprendido todavía una dimensión muy importante de la vida cristiana. Todos somos débiles y estamos expuestos a las tentaciones, seducciones y otros ataques del maligno. No hemos sido diseñados por Dios para resistir solitos. En este sentido, la oración mutua pone fin a nuestro orgullo y nos exige el reconocimiento humilde de nuestra vulnerabilidad. Pero tomemos ejemplo del gran apóstol. Él no se consideraba autosuficiente, sino tan necesitado de las oraciones de los creyentes tesalonicenses recién convertidos como ellos de las suyas.

En el texto griego, el tiempo del verbo, "orad", es presente continuo y tiene el valor de "seguid orando" o "estad continuamente orando". Pablo sabía que los tesalonicenses ya oraban por él. Al menos, así se lo había solicitado en su primera carta (5:25) y, por eso, su nueva petición es aún más enfática: seguid orando por nosotros, no dejéis de orar.

Libertad en la evangelización (3:1)

> … *para que la palabra del Señor corra y sea magnificada, como también ocurrió con vosotros…*

Sin embargo, esta nueva petición no es solamente más enfática, sino más específica. La oración solicitada en la primera carta era general, pero, ahora, Pablo pide que intercedan en torno a dos temas concretos. Notemos enseguida que ninguno de ellos tiene que ver con sus propios intereses personales, sino con el ministerio que Dios le ha encomendado. Este es su gran afán: que pueda cumplirse eficazmente

---

249   *Cf.* Stott, pág. 184: *La petición de oración… es evidencia de la rica relación recíproca que existía entre ellos. La comunión cristiana se expresa y se fortalece mediante nuestras oraciones unos por otros.*

el propósito para el cual fue llamado. Esto refleja lo que él mismo pidió a favor de los lectores: no solamente deseaba que Dios "consolara sus corazones", sino que los utilizara para bendición de otros por medio de "toda obra y palabra buena" (2:17). De igual manera, no pide nada para sí mismo, sino que su ministerio sea fructífero. Entre todas las cosas que podrían haberle preocupado en esos momentos, el avance del reino de Dios es claramente la mayor. Insta a los tesalonicenses a que oren (1) para que siga adelante la proclamación de la palabra de Dios y (2) para que su ministerio apostólico no quede enredado a causa de hombres perversos.

Desde el momento de su conversión, Pablo comprendió que había sido salvado no solamente para su propio beneficio, sino para beneficiar a otros muchos a través de su llamamiento al servicio de Dios. Entendió que, en esta vida, la salvación no implica descanso, alivio y comodidad, sino sufrimiento, trabajo duro y renuncia al egoísmo. Con todo, nunca percibió su ministerio como un deber pesado e ingrato ni se dedicaba a él con mala gana, sino que lo consideró un privilegio glorioso, una razón de ser tan trascendente que estaba dispuesto a pagar cualquier precio con tal de llevarlo a cabo con éxito. Siempre se asombraba de que Dios lo hubiera escogido para este servicio: *Fui hecho servidor [del evangelio] según el don de la gracia de Dios que me fue dada conforme a la eficacia de su poder; a mí, que soy menos que el más pequeño de todos los santos, me fue dada esta gracia de anunciar a los gentiles el evangelio de la inescrutable riqueza de Cristo* (Efesios 3:7-8). Tales palabras entusiastas revelan que, para él, todos los sufrimientos, las pruebas y los sacrificios que había tenido que soportar no eran más que la cara oscura de un llamamiento maravilloso, en el ejercicio del cual se sentía plenamente realizado y liberado. Es como si dijera: "El Señor me ha concedido este ministerio al que me entrego de corazón, porque en él encuentro mi liberación al estar realizando la función para la cual fui creado y redimido".

La razón principal por la que el evangelio "no corre ni es glorificado" en nuestros días no se debe a estorbos y oposición de fuera, sino a malas actitudes personales: hemos perdido este sentido de privilegio, la gloria de haber sido llamados a servir al Rey de reyes. No nos entregamos al ministerio con esa plenitud de entrega y entusiasmo que vemos en Pablo. Nos enredamos en los negocios y las distracciones de tal forma que, como mucho, solamente dedicamos algunas horas a la semana al reino de Dios (véase Mateo 6:31-34). Ya no cantamos:

Placer verdadero es servir al Señor:
No hay obra más noble ni paga mejor…
Diré la verdad, le seré siempre fiel.
No importa que todo lo pierda por él…
El odio del mundo por él sufriré;
Pesada la carga sin duda será,
Mas sé que su gracia no me ha de faltar.
A Cristo hasta el fin serviré.
Servir a Jesús, servirle con fe,
¡Qué paga más rica tendré!
No importa que sufra. Sufrió él por mí.
Sirviendo a Jesús soy feliz.

En cambio, el verdadero seguidor de Jesucristo deja atrás los afanes de este mundo, a sabiendas de que tiene un Padre celestial que es más que capaz de suplir todas sus necesidades, y se dedica de corazón al reino de Dios y su justicia. Vemos que el cometido de la vida de Pablo se centraba en el evangelio, lo que él llama aquí "la palabra del Señor". Su vida gira en torno a ella, y en ella encuentra el sentido de su existencia.

Pablo la llama "palabra del Señor" probablemente por dos motivos. Por un lado, era consciente siempre de que el evangelio que predicaba no era invención suya, sino que lo había recibido directamente del Señor, de Jesucristo (véase, por ejemplo, 1 Corintios 11:23; Gálatas 1:11-12; Colosenses 1:23-29; 1 Tesalonicenses 2:4, 13; 4:2, 8). Una y otra vez insiste en esto: que él mismo no es el autor del mensaje que proclama, sino que no es más que un heraldo que proclama las palabras del Rey. Por otro lado, es la "palabra del Señor" por cuanto su tema principal es el Señor Jesucristo, su persona y su obra.[250]

Así pues, la gran preocupación del apóstol es que las buenas noticias acerca del Rey Jesús y acerca de la salvación que nos proporciona a través de su muerte y resurrección puedan "correr" (es decir, extenderse rápidamente y sin trabas)[251] y "ser magnificadas". El verbo "correr" en esta clase de contextos se remonta al Antiguo Testamento, porque allí también se habla de la palabra de Dios que corre. Por ejemplo, el Salmo 147:15 dice: *El que envía su mensaje a la tierra, y su palabra corre velozmente*. Es un verbo que casi da a entender que la palabra del Señor tiene vida en sí misma, una energía imparable, una capacidad de movimiento en este mundo. Nos recuerda lo que Pablo iba a escribir posteriormente: *Sufro penalidades hasta como malhechor encadenado, pero la palabra de Dios no ha sido encadenada* (2 Timoteo 2:9).

Sin embargo, este correr de la palabra depende en gran medida de que los mensajeros humanos asuman su responsabilidad y que el Dios que abre y cierra puertas les proporcione salida para su cometido. De ahí la importancia de la oración. Tenemos un enemigo que quiere impedir que la palabra corra y que coloca en nuestro camino toda clase de obstáculos. Por medio de la oración, nos identificamos con los planes de Dios y nos apropiamos los recursos de su gracia. El que la palabra corra o no depende de nosotros también. La fidelidad de los creyentes en este sentido toma dos formas: dar buen testimonio (ver, por ejemplo, Colosenses 4:5-6) y orar por los misioneros.

Pero Pablo entiende que la palabra del Señor no debe correr de cualquier forma, sino de una manera que glorifique a Dios.[252] Aquí es probable que esté pensando en una carrera de atletismo: los que

---

250   Cf. Leal, págs. 947-948: *El genitivo ["del Señor"] puede ser subjetivo: palabra que procede del Señor. También podría ser objetivo: la palabra que trata del Señor.*

251   Cf. Morris (2), pág. 244: *Está claro que, cuando Pablo predicó en Tesalónica, los resultados fueron espectaculares. Muchos se apresuraron a convertirse. Esta clase de libre movimiento de la palabra de Dios es lo que tiene en mente.*

252   Cf. Cevallos, pág. 148: *Pablo no desea solamente que la palabra sea difundida en forma rápida, sino que cumpla el propósito divino en las personas.*

corren esperan ganar el primer puesto y ser "coronados de gloria" o "magnificados". Pablo desea que el evangelio no solamente se extienda por todas partes, sino que triunfe y sea coronado con éxito por la conversión de muchas personas.

Es cierto que, en Filipenses 1:15-18, dice que se regocija aun cuando el evangelio es proclamado por motivos falsos o interesados, por envidia o rivalidad, no sinceramente. Pero está claro que eso no es ideal y que tales actitudes pueden causar más daño al testimonio que beneficio. Por eso, ahora pide a los tesalonicenses que oren para que no haya nada en la extensión del evangelio en detrimento de la reputación del mismo, sino que sea un mensaje claro y limpio. No es cuestión solamente de pedir a Dios que los misioneros puedan comunicar el evangelio sin estorbos, sino que lo puedan hacer de una manera digna, con integridad de corazón.

Tras esta petición se halla la idea de que los misioneros eran hombres fuertes en el Señor, pero débiles en la carne, sujetos a muchas clases de tentaciones. La oración de los tesalonicenses debe incluir el ruego de que Dios los sostenga firmes en su testimonio y no haya nada en su conducta que cause ofensa innecesaria a los oyentes. Los misioneros deben vivir vidas consecuentes con el mensaje que predican.

Pero, sin duda, debemos ver aquí una referencia también a la conversión de muchas personas a través de la evangelización. La palabra es glorificada cuando surte efecto en el pecador y lo lleva de las tinieblas a la luz, de la perdición a la salvación. Cuando el hombre egoísta e injusto se transforma en una persona noble que manifiesta el fruto del Espíritu, los hombres pueden "ver vuestras buenas obras y glorificar a vuestro Padre que está en los cielos" (Mateo 5:16). Pablo mismo había vivido esta experiencia a consecuencia de su predicación del evangelio en muchos lugares, por ejemplo, en Antioquía de Pisidia: *Y los gentiles, al oírlo, se regocijaban y glorificaban la palabra del Señor. Y creyeron todos los que estaban destinados para vida eterna* (Hechos 13:48).

Es evidente, pues, que el apóstol luchaba para que su conducta como evangelista y los métodos que utilizaba en la comunicación de su mensaje fueran consecuentes y honraran el evangelio. Y, asimismo, esperaba que la conversión de aquellos que respondían al evangelio fuera de tal orden que sus vidas transformadas "adornaran la doctrina de Dios" (Tito 2:10) y glorificaran al Salvador que los había redimido.

La última frase del versículo 1, "como también ocurrió con vosotros", ha sido motivo de cierta discusión. Resulta que el verbo "ocurrió" no está presente en el texto original y ha sido suplido por los traductores. Ellos suponen que Pablo quiere decir que los tesalonicenses deben orar para que el evangelio tenga la misma acogida gloriosa en otras ciudades que tuvo en Tesalónica. Esta interpretación enlaza con 1 Tesalonicenses 1:5-10, donde el apóstol ha explicado de qué maravillosa manera poderosa el evangelio penetró en la ciudad y cómo transformó a los convertidos.[253]

Sin embargo, me decanto a favor de otra interpretación que parece encajar mejor en este contexto.[254] Es posible que la frase, tal y como aparece en griego ("como también entre vosotros"), exprese no un hecho del pasado, sino uno presente o aun un deseo de cara al futuro. Pablo, entonces, estaría diciendo que la intercesión debe dirigirse no solamente al buen éxito de la evangelización de los misioneros en Corinto (donde se encuentran en el momento de escribir), sino también de la de los lectores en Tesalónica. Una paráfrasis del texto sería: "Hermanos, orad por nosotros, para que la palabra del Señor corra por medio nuestro, así como por medio de vosotros". Entendida de esta manera, esta oración enlazaría directamente con 2:17, donde el apóstol ha pedido al Señor que afiance a los tesalonicenses en toda obra y palabra buena. También explicaría por qué, en 3:3, Pablo afirma que el Señor "os" afianzará. Si solamente hubiera pe-

---

253 Siguen esta interpretación Airhart, pág. 556; Cousins, pág. 502; Erdman, pág. 93; Ewert, pág. 1094; Green, pág. 346; Hendriksen, pág. 225; Hogg y Vine, pág. 281; MacDonald, pág. 1031; Pérez Millos, pág. 74; Stott, pág. 185.

254 Véase también Morris (1), pág. 160; (2), pág. 245.

dido oración a favor de los misioneros, habría sido más apropiado decir: "*nos* afianzará".

Protección de hombres malos (3:2)

... y para que seamos librados de los hombres perniciosos y perversos, porque la fe no es de todos.

Según 3:1, si deseamos que la palabra del Señor corra, debemos orar en primer lugar por "nosotros", es decir, por los que tienen la responsabilidad de hacer que corra. En otras palabras, el primer impedimento a la evangelización puede encontrarse en los propios misioneros, en su estado anímico o en sus circunstancias adversas. Pero, ahora en 3:2, Pablo pasa a otra clase de estorbo que puede presentarse en nuestro camino, la que viene de fuera, de parte de nuestros adversarios.

Notemos enseguida que Dios, en respuesta a nuestras oraciones, es poderoso para librarnos de las dos cosas, tanto de los impedimentos que hay en nosotros mismos como de la oposición exterior. Esta idea será ratificada en el versículo 3. A fin de cuentas, si él no fuera capaz de librarnos, ¿para qué serviría orar? En cambio, puesto que puede concedernos la victoria, no tenemos excusa si permitimos que la oposición de nuestros adversarios haga callar nuestro testimonio.

Puesto que Pablo pone un artículo delante de la palabra "hombres" ("los hombres", o "esos hombres"), es evidente que está pensando en un grupo determinado de personas. ¿Quiénes son?

Recordemos la situación que estaba viviendo en Corinto. En esa ciudad, lo mismo que en Tesalónica, había empezado su labor de evangelización hablando con los judíos en la sinagoga. Y en ambas ciudades, solamente una pequeña minoría había abrazado el evangelio. La gran mayoría se le oponía. Aunque la persecución no fue tan agresiva en Corintio como lo había sido en Tesalónica y, como consecuencia, Pablo pudo quedarse en Corinto un total de un año y seis meses antes de tener que abandonar la ciudad (Hechos 18:11), aun así, Pablo tuvo que soportar la persistente oposición de la sinagoga, culminando con el episodio cuando los judíos lo llevaron al tribunal del procónsul Galión (Hechos 18:12-17).

Lo más probable es que el apóstol, al pedir ser librado de hombres malos, esté pensando en esta animosidad de la sinagoga. La frase "hombres perniciosos y perversos" no se refiere a personas absolutamente incrédulas, sino a personas que se oponen al evangelio con las Escrituras en la mano, confundiendo a los ignorantes con sus argumentos y rechazando el mensaje de Dios en nombre de Dios. Durante un tiempo, sábado tras sábado, ellos habían escuchado la defensa del mesiazgo de Jesús por parte de Pablo, pero habían respondido finalmente "oponiéndose y blasfemando" (Hechos 18:4-6), y ahora seguían a Pablo denunciándolo por predicar "un culto contrario a la ley de Dios" (Hechos 18:13).

En cierto sentido, esta es la peor forma de oposición. Un hombre ateo que se burla abiertamente del evangelio no hace tanto daño, porque el contraste con el predicador es obvio y cada oyente puede elegir entre ellos. Pero un hombre piadoso, conocido por su rectitud y su conocimiento de la ley de Dios, causa mucho desconcierto si se opone al evangelio aduciendo que todas las exigencias de la ley deben ser guardadas como parte necesaria del camino de la salvación. La persona que vive en pecado puede ser mejor candidato para ser convencido de pecado por el Espíritu y recibir así el evangelio, que la persona que abriga esperanza de congraciarse con Dios guardando su ley. El solo hecho de que el evangelio exija la renuncia a toda posibilidad de salvarnos por mérito propio significa una profunda humillación para la persona que se cree buena, humillación que representa un estorbo en su aceptación del mensaje.

La persona que se cree buena y, por tanto, rechaza indignada el evangelio de Dios es en realidad mala y perversa: *Y esta es la acusación: que la luz ha venido al mundo, pero los hombres amaron más la tiniebla que la luz, pues sus obras eran malas. Porque todo aquel que practica cosas malas aborrece la luz, y no viene a la luz para que sus obras no sean descubiertas. Pero el que practica la verdad viene a la luz, para que sea manifiesto que sus obras han sido hechas en Dios* (Juan 3:19-21).

Pero los tales no suelen conformarse con rechazar el evangelio ellos mismos, sino que actúan en detrimento de la evangelización de otros (*cf.* 1 Tesalonicenses 2:15-16).[255] No solo son perversos, sino también "perniciosos". Esta palabra es interesante en el texto original. Literalmente significa "fuera de lugar", y los judíos que rechazan la palabra del Señor se encuentran alejados de su puesto. Ellos, con la luz que les daba el conocimiento de las Escrituras, tendrían que haber sido los primeros en abrazar el evangelio, pero, desgraciadamente, se estaba cumpliendo lo que había dicho Jesús: *Muchos vendrán del oriente y del occidente y se reclinarán a la mesa con Abraham, Isaac y Jacob en el reino de los cielos, pero los hijos del reino serán echados a la tiniebla de lo* más a*fuera* (Mateo 8:11-12). Estarán desplazados, fuera de lugar.

Pablo mismo había vivido esta experiencia en Corinto. Ante la incredulidad de los judíos y su oposición al evangelio, había tenido que decirles: ¡Vuestra sangre sea sobre vuestra cabeza! ¡Yo estoy limpio! De ahora en adelante, iré a los gentiles (Hechos 18:6). En lo sucesivo, los que habían nacido "fuera de lugar" iban a encontrar espacio en el reino, pero los judíos, tristemente, habían demostrado que "la fe no es de todos". Rechazaban la "fe cristiana". No estaban dispuestos a depender de Dios, sino que confiaban en su propia capacidad para guardar su ley.[256]

Así, Pablo indica a sus lectores que la experiencia vivida en Tesalónica se repite en Corinto. Los "hijos del reino" se están convirtiendo en los peores opositores al evangelio. Hasta aquí llega nuestra res-

---

255   Cf. Airhart, pág. 557: *Todo aquel cuyo ministerio se vuelva una amenaza para el reinado del diablo experimentará, igual que Pablo, esta clase de oposición irrazonable y descabellada.*

256   Puesto que, en el texto griego, la palabra "fe" lleva artículo ("la fe"), es probable que la frase signifique que "no todos creen el evangelio". Véase Stevens, pág. 530.

ponsabilidad humana. Es perfectamente posible oponernos al único camino verdadero de salvación.[257]

---

257   Cf. Barclay, pág. 258: *Una vez más vemos la tremenda responsabilidad del libre albedrío. Podemos usarlo para abrir nuestros corazones, o para cerrarlos. La llamada de la fe… se dirige a todo el mundo; pero el corazón humano puede negarse a responder.*

La fidelidad del Señor

2 Tesalonicenses 3:3-5

Capítulo 17

Afianzamiento y protección (3:3)

Pero fiel es el Señor, que os afianzará y protegerá del malo.

Enseguida observamos que cada uno de los tres versículos que tenemos ahora por delante nombra al Señor y habla de su fidelidad.[258] ¡Fidelidad! En el texto original, la transición entre la infidelidad de los "hombres perversos" y la fidelidad del Señor está marcada por un juego de palabras: Pablo acaba de decir acerca de los perversos que "la fe (*pistis*) no es de todos"; ahora afirma que "el Señor es fiel (*pistos*)".[259] Con cierto alivio, pues, nos volvemos de la oposición e incredulidad de los enemigos del evangelio a la fidelidad de Dios, de la actitud maléfica de los que no guardan la fe, sino que la rechazan, a la actitud benévola de aquel que siempre "guarda fe" en su trato con los creyentes. Los hombres perversos pueden ser motivo

---

258 Probablemente, siguiendo el uso habitual de Pablo, debemos entender que "el Señor" se refiere a Jesucristo. *Cf.* Leal, pág. 948; Hogg y Vine, pág. 283: *La referencia es a Jesús, pero es posible que, en el momento de escribir, el apóstol no hacía una distinción consciente entre el Padre y el Hijo.* Este hecho implica que las palabras del versículo 5 constituyan una de las *pocas oraciones en el Nuevo Testamento dirigidas al Señor Jesús* (Ryrie, pág. 94). Lacueva (en Lacueva-Henry, pág. 335) discrepa: *"El Señor", en todo este pasaje, es, en mi opinión, Dios, no Jesucristo.*

259 Pablo emplea un juego de palabras similar en Romanos 3:3.

de mucho desánimo en la evangelización, pero los creyentes deben recibir aún más ánimo y motivación por medio de su conocimiento de la fidelidad de Dios.

Como ya hemos señalado, habríamos esperado que Pablo, después de pedir oración por sí mismo y por sus compañeros, siguiera diciendo: "Fiel es el Señor, que *nos* afianzará".[260] Varios autores[261] se sorprenden por el cambio aparentemente brusco de la situación en Corinto a la de Tesalónica, pero, sin duda, esto se debe a que no han entendido la línea de la argumentación del apóstol. Si asocia la fidelidad del Señor a la situación de los tesalonicenses ("os"), se debe sin duda a dos factores:

1. Con esta frase, vuelve a la oración de 2:17, donde pidió que Dios afianzara a los tesalonicenses; ahora les asegura que lo hará. Lo que antes era una petición o un deseo, ahora es una afirmación de fe.
2. Si, como es probable, la frase "así como con vosotros" (3:1) significa "así como esperamos que la palabra del Señor corra entre vosotros", entonces entendemos que las necesidades espirituales de los tesalonicenses estaban siempre presentes en la mente del apóstol, incluso cuando pedía oraciones por sí mismo. Es cierto, él necesita la intercesión de sus lectores a favor de la obra misionera en Corinto, pero su *gran* preocupación en este momento sigue siendo la estabilidad de los tesalonicenses en medio de mucha turbulencia espiritual.

Dios es fiel. Este versículo se hace eco de lo que Pablo ya había dicho a los tesalonicenses al final de su primera carta: *Fiel es el que os llama, el cual también lo hará* (1 Tesalonicenses 5:24). Si Dios nos ha llamado a su servicio, podemos contar en todo momento con

---

260   *Cf.* Morris (1), pág. 161; Ryrie, pág. 94.

261   Por ejemplo, Airhart, pág. 557: *En el versículo 3, Pablo cambia de dirección abruptamente, de su petición de ayuda para sí mismo a su interés en sus lectores. Cf.* Erdman, pág. 94; Green, pág. 348; Morris (2), pág. 247; Pérez Millos, pág. 75.

su fidelidad. No nos dejará en la estacada. Suplirá todas nuestras necesidades. Nos sostendrá con su diestra. Pablo puede enfatizar esta característica de Dios porque, para él, no se trata de una mera doctrina teórica, sino de una verdad que él mismo ha vivido experimentalmente a lo largo de años de obra misionera.

En realidad, cada vez que oramos reafirmamos nuestra convicción de que Dios es fiel. Damos por sentado que tenemos que ver siempre con el mismo Dios constante que no cambia, que no está sujeto a humores variables o a decisiones arbitrarias. Lo que él promete, lo cumple. Su palabra es invariable. Lo que empieza, lo termina (Filipenses 1:6). Aunque sabemos que la naturaleza humana es voluble e inconstante, contamos con la firmeza eterna del carácter de Dios. Él es fiel.

Ahora, el apóstol centra nuestra atención en dos maneras específicas en las que podemos contar con la fidelidad de Dios: su "afianzamiento" y su protección. Por un lado, él nos afianza, es decir, nos afirma en la fe y nos da fuerzas cuando nos encontramos en momentos de oposición. Por naturaleza somos cobardes, pero el Espíritu de Dios nos fortalece en el hombre interior (Efesios 3:16), especialmente en medio de situaciones de soledad y conflicto en la guerra espiritual.

Por otro lado, Dios nos brinda su protección. Salimos a la batalla con la plena convicción de que "ni una sola flecha me puede dañar; si él no lo permite, no me alcanzará".[262] El verbo empleado por Pablo tiene un significado literal: Dios se coloca como guardia delante de nosotros para protegernos. De la misma manera que Eliseo deseaba que Dios abriera los ojos de su siervo para que pudiera ver las huestes del Señor que estaban alrededor de la ciudad asediada protegiendo a sus habitantes (2 Reyes 6:17), Pablo quiere que los tesalonicenses comprendan que, alrededor de ellos, está el Dios que los guarda del mal.

Hemos considerado que hay dos factores que interfieren con la evangelización, uno interno y otro externo: el interno es nuestra

---

262   Del himno "Del amor de Cristo, ¿quién me apartará?", letra de Enrique S. Turrall, ca. 1902, basada en Romanos 8:31-39.

propia propensión al desánimo y a la comodidad; el externo es la oposición de "hombres perversos". Conocedor de estos dos factores, Pablo asegura a sus lectores que Dios es poderoso para solucionarlos. Ante el peligro del desaliento anímico, el Señor afianza nuestro llamamiento, nuestro deseo de servirle, nuestra visión misionera y la fe que necesitamos para llevar a cabo todo eso. Nos da las fuerzas para levantarnos y seguir en la obra. Y, ante la oposición y los tropiezos puestos en nuestro camino por "hombres pervertidores y perversos", Dios nos protege.[263]

¡Dos cuestiones antes de proseguir! En primer lugar, Pablo sabe perfectamente por experiencia personal que la protección de Dios no es absoluta. No es garantía de que nunca vayamos a tener que sufrir a causa del evangelio. En su primera carta, el apóstol, había recordado a sus lectores que los misioneros llegaron inicialmente a su ciudad "habiendo sufrido y habiendo sido maltratados en Filipos, como sabéis" (2:2). La experiencia de Pablo, en el fiel cumplimiento de su misión, había sido un largo rosario de aflicciones (ver 2 Corintios 11:16-33). La protección de Dios no le ahorró sufrimientos, sino que lo guardó en medio de ellos para que pudiera seguir con su misión. Dios permitió mucha persecución en la vida de Pablo, pero fueron aflicciones que sirvieron para adelantar la causa del evangelio.

En segundo lugar, el Señor nos protege de algo que, en el original griego, admite dos matices: puede referirse a un principio abstracto, "el mal", o a un enemigo personal, "el maligno".[264] El vocablo empleado por Pablo puede ser neutro o masculino. El hecho de que Pablo acabe de hablarnos de la "obra de Satanás" (2:9) en torno a su exposición del Anticristo indica que no debemos desestimar el elemento personal en la referencia de 3:3: Dios nos guardará "del

---

263   Hendriksen, pág. 226, señala que *existe una relación muy estrecha entre "fortalecer" [afianzar] y "guardar" [proteger]. Al ser positivamente fortalecido en fe, amor, toda buena obra y palabra… los creyentes serán guardados contra el pecado de claudicar ante Satanás.*

264   Lo mismo es cierto del Padrenuestro. La frase "líbranos del mal" (Mateo 6:13) puede ser traducida como "líbranos del maligno".

malo", de la persona mala o del mismo diablo. Dios es soberano y omnipotente no solamente en cuanto a las circunstancias que él permite que atravesemos, sino también en torno a la oposición personal del maligno.[265]

Así pues, en torno a su gran preocupación por la extensión del evangelio y por la participación en ella tanto de los misioneros como de los tesalonicenses, Pablo primero se dirige a Dios en oración (2:16-17), luego pide la intercesión de sus lectores (3:1-2) y, finalmente, les asegura que estas oraciones serán ampliamente contestadas por la fidelidad del Señor. Él sabe a quién ha creído y ha sido persuadido de que es poderoso para salvaguardar el testimonio evangélico tanto en Corito como en Tesalónica. Tiene plena confianza en el Señor.

Confianza en el Señor (3:4)

Y confiamos en el Señor acerca de vosotros, de que hacéis y haréis lo que mandamos.

Esta misma confianza caracteriza las palabras del versículo 4. El texto resulta sorprendente. Habríamos esperado que Pablo dijera: "Y confiamos *en vosotros*, de que hacéis y haréis lo que mandamos". A fin de cuentas, son los tesalonicenses los que tienen que obedecer. Pero, aun en esto, la confianza de Pablo está depositada en la fidelidad del

---

265   Casi todas las versiones modernas traducen esta palabra como "maligno" (véase BJ; BP; BVA; CI; LBLA; LP; NC; NVI). Stott, pág. 186, aboga fuertemente a favor de esta traducción: *Sin duda, la referencia es al diablo en persona, y no al "mal" en general. El contexto lo requiere… El "maligno" personal es una antítesis más efectiva al "Señor" personal. Cf.* Airhart, pág. 557-558; Bruce, págs. 1164-1165; Cevallos, pág. 149; Ewert, pág. 1094; Green, pág. 348; Hendriksen, pág. 226; Hogg y Vine, pág. 283; Lacueva-Henry, pág. 335; Leal pág. 948; MacDonald, pág. 1032; Mahan, pág. 42; Morris (1), pág. 162; (2), pág. 247; Pérez Millos, pág. 76; Ryrie, pág. 94; Stevens, pág. 530. De hecho, ninguno de los comentaristas consultados defiende la lectura "del mal".

Señor, no en la de los hombres.[266] Estos, seguramente, serían infieles y desobedientes si su fe y su capacidad para obedecer no fueran robustecidas por Dios.

Implícita en este versículo está una poderosa exhortación a los lectores: "Por favor, os suplico que cumpláis fielmente lo que acabamos de mandaros y las instrucciones que estamos a punto de daros. Os hemos dicho que os mantengáis firmes con respecto a las enseñanzas que habéis recibido (2:15) y que no os dejéis mover fácilmente en vuestro modo de pensar (2:2). Os hemos llamado a la estabilidad y a la fidelidad en medio de mucha confusión doctrinal, y hemos pedido que intercedáis por nosotros (3:1-2). Y estamos a punto de exigir que toméis ciertas medidas disciplinarias con los elementos díscolos de la congregación (3:6-15). Ahora os toca a vosotros responder con humildad y obediencia". Pero el apóstol conoce la debilidad de los hombres. Por tanto, la esperanza que tiene de que las órdenes de los misioneros sean acatadas por los tesalonicenses no reside en ellos, sino en el Dios que los guarda y los sostiene.[267]

Es la misma clase de confianza en Dios que Pablo manifiesta cuando, al hablar de hermanos "débiles en la fe", plantea la pregunta: ¿Quién eres tú para juzgar al criado ajeno?, y luego añade: *Para su señor está firme o cae; pero estará firme,* **porque poderoso es el Señor para mantenerlo firme** (Romanos 14:4). En ambos casos, la contemplación

---

266   Cf. Green, pág. 349: *La raíz de su certeza respecto a la conducta de los tesalonicenses radica "en el Señor"… A pesar de los problemas graves y agudos, el reconocimiento de la obra divina en sus vidas persuadía a los apóstoles irresistiblemente que se mantendrían fieles a la ética cristiana.*

267   El texto admite dos interpretaciones diferentes: "Estamos confiados en el Señor con respecto a vosotros" o "estamos confiados en vosotros en el Señor" (es decir, "por cuanto estáis en el Señor"; cf. Hogg y Vine, pág. 284). Hendriksen, pág. 227, que sigue la segunda interpretación, dice: *Nunca se sabe lo que el hombre de por sí hará; pero, en virtud de su unión con el Señor (puesto que este es el significado de "en el Señor"), la confianza de Pablo halla un firme fundamento.* Sin embargo, a efectos prácticos, no hay gran diferencia entre las dos lecturas. Cf. Morris (1), pág. 162: *No hay una discrepancia fundamental en el significado puesto que, en cualquier caso, Pablo está depositando su confianza en el Señor y afirmando que esto también le da confianza en los tesalonicenses.* Véase también Morris (2), págs. 249-250.

de la debilidad humana es compensada por una fuerte confianza en el poder sustentador de Dios.

Aquí tenemos otro maravilloso ejemplo de cómo la responsabilidad humana y la soberanía divina nunca entran en conflicto, sino que conviven en plena armonía. La confianza en Dios no exime a los tesalonicenses de la responsabilidad de obedecer. Pero la posibilidad de que pudieran desobedecer no resta un ápice a la confianza que Pablo tiene en el afianzamiento soberano de Dios.

La dirección de Dios (3:5)

Y el Señor dirija vuestros corazones en el amor de Dios y en la paciencia de Cristo.

En el versículo 5, volvemos a la oración. Pero seguimos con la ambivalencia del versículo 4 en cuanto a la responsabilidad humana y la soberanía divina. Los lectores son responsables de cómo siguen en el amor de Dios y en la paciencia del Mesías y, sin duda, de estar exhortando en vez de orando, Pablo se lo habría mandado: "Os instamos, hermanos, a que sigáis entregados al amor de Dios y a que os mantengáis en la paciencia del Mesías". Y, no obstante, el apóstol sabe que nuestra fidelidad es posible solamente gracias al poder y a la dirección de Dios. Por eso, no cifra su esperanza en la fidelidad (posible, pero no segura) de los creyentes, sino en la fidelidad (incuestionable y totalmente segura) de Dios. Y, también por eso, se expresa en términos de una oración, no en los de una exhortación directa.

Lo que Pablo pide en su oración es que "el Señor dirija vuestros corazones en el amor de Dios". No dice: "Que el Señor dirija *vuestra mirada* al amor de Dios". Es cierto que, para mantenernos en forma espiritual, necesitamos que nuestra visión sea constantemente renovada. Pero, más aún, nos hace falta que toda nuestra vida ("nuestros corazones") sea bien orientada y dirigida.

¿Y en qué dirección? Las últimas frases del versículo ofrecen una pequeña dificultad de interpretación, porque tanto "de Dios" como "de Cristo" pueden ser entendidas con sentido subjetivo u objetivo; es decir, la referencia pude ser (1) al amor que Dios tiene para nosotros; (2) al amor que nosotros debemos tener para él; (3) a la paciencia que el Mesías tuvo estando en la tierra (y que sigue teniendo con nosotros); o (4) a la paciencia que debemos tener al esperar su segunda venida.[268] En el contexto, no hay nada que enlace con la idea de la paciencia que Cristo tiene con nosotros, y mucho con la idea de la espera paciente de su venida, por lo cual es probable que la segunda frase deba entenderse "objetivamente". Con todo, puesto que el griego admite todas estas interpretaciones, mejor darles espacio a todas.[269]

1. El amor de Dios hacia nosotros

No hay nada que nos aliente y motive más en nuestro ministerio cristiano que saber que somos objeto del amor de Dios. Ciertamente, la vida de fe tiene momentos de sufrimiento y desconcierto, pero debemos llegar a entender estas cosas en el contexto del amor divino.

Cuando un niño tiene que afrontar un examen en el colegio, sus nervios irán en aumento si piensa que sus padres lo están esperando para castigarlo si no lo aprueba, pero tendrá mayor serenidad si sabe que seguirán amándolo, apruebe o suspenda. De igual manera, los tesalonicenses necesitan encarar las dificultades de su fe y testimonio

---

268 Hendriksen, pág. 227, afirma que, en estas frases, los genitivos son solamente subjetivos, pero sin explicar por qué excluye la interpretación objetiva. Cf. Airhart, pág. 558; Barclay, pág. 258; Bruce, pág. 1165; Cevallos, pág. 149; Cousins, pág. 502; Erdman, pág. 95; Green, pág. 350; Ryrie, pág. 94; Stevens, pág. 531; Trenchard, pág. 47. En cambio, Lacueva (en Lacueva-Henry, pág. 335) y Mahan, pág. 43, tratan los genitivos como objetivos, mientras que Fickett, pág. 153, Leal, pág. 948, y McGee, pág. 135, tratan el primero como subjetivo y el segundo como objetivo, y MacDonald, pág. 1032, los entiende al revés. Lightfoot, págs. 127-128, seguido por Morris (1), pág. 163, fue quien propuso que las frases son deliberadamente ambiguas y deben ser entendidas en un sentido inclusivo.

269 Cf. Hogg y Vine, pág. 285: *El carácter general de esta frase ["el amor de Dios"] tiene probablemente la intención de incluir cada aspecto del amor de Dios y cada posible efecto de ese amor en el creyente.*

a sabiendas de que, pase lo que les pase, el amor de Dios los envuelve y no hay nada que puede separarlos de él (Romanos 8:38-39).

2. El amor nuestro hacia Dios

Pero igualmente importante en la motivación evangelística es nuestro amor hacia Dios. Si respondemos a la llamada de la gran comisión, lo hacemos por gratitud, porque amamos a aquel que nos comisiona. Si mantenemos nuestro amor a Dios en momentos de persecución o aflicción, entonces descubriremos que el amor perfeccionado echa afuera el temor (1 Juan 4:18). Nuestra constancia en la evangelización en medio de muchas pruebas depende en gran medida de la realidad de nuestro amor al Señor. Recordemos la triple pregunta que Jesús dirigió a Pedro: "¿Me amas?" (Juan 15-19). Solamente a continuación de la respuesta afirmativa vino la comisión pastoral: "Apacienta mis ovejas". La comisión debe fundamentarse en el amor.

3. La paciencia que muestra Cristo

Un tercer gran estímulo cuando nos encontramos con oposición y con aflicciones es considerar la paciencia de Cristo. Este es uno de los grandes temas de la epístola a los Hebreos: *Corramos con paciencia la carrera… puestos los ojos en Jesús… el cual… soportó la cruz… Considerad al que soportó tal contradicción de pecadores* (Hebreos 12:1-3). También es el mensaje del apóstol Pedro: *Cristo padeció por vosotros, dejándoos ejemplo, para que sigáis sus pisadas… quien, cuando era maldecido, no replicaba con una maldición; padeciendo, no amenazaba, sino que se encomendaba al que juzga justamente* (1 Pedro 2:21-23). Lo que nos puede sostener en tales momentos es la comprensión de que estamos "participando en los padecimientos del Mesías, llegando a ser semejantes a él en su muerte" (Filipenses 3:10). No hay comunión más intensa y entrañable. En todo, Cristo es nuestro ejemplo y somos llamados a ser imitadores suyos. *Su* paciencia nos ayuda enormemente a cultivar la nuestra.

4. Nuestra espera paciente de la parusía

En toda la epístola hemos considerado que la gran esperanza del creyente es la parusía, el retorno de Cristo en gloria. Esta esperanza lo sostiene en medio de las tribulaciones y a pesar de cualquier oposición.

Así pues, en todos estos sentidos y con todos estos matices, Pablo intercede por sus lectores. Ellos necesitan sentir que Dios los ama, pero también deben amarlo profundamente a él. Detrás de ellos tienen el ejemplo glorioso de cómo su Señor aguantó pacientemente la persecución hasta la muerte. Y, por delante, está la gloriosa esperanza de su retorno. Juntos, estos cuatro factores deben infiltrarse en los corazones de los tesalonicenses, en sus vidas enteras, y constituir el fundamento de su vida de fe.

Sin embargo, nos enfrentamos nuevamente con la debilidad humana y con nuestra ceguera. Todos sabemos estas cosas. Pero si Dios no nos abre los ojos, si él no "dirige nuestros corazones", no sabremos vivir en base a estas verdades. ¡Que el Señor, pues, nos encamine y fije nuestra atención en ellas, para que nos mantengamos fieles y obedientes a sus mandatos y a nuestro llamamiento!

Orden y desorden

2 Tesalonicenses 3:6

Capítulo 18

El desorden (3:6)

Pero os ordenamos, hermanos, en el nombre del Señor Jesucristo, que os mantengáis alejados de todo hermano que viva desordenadamente, y no según la enseñanza que recibieron de nosotros.

Antes de proseguir, recordemos a qué punto hemos llegado en el desarrollo de la epístola.

1. Después del saludo inicial, Pablo ha empezado la carta con un largo párrafo (1:3-12) en el cual ha mezclado oración y enseñanza: ha dado gracias a Dios por los tesalonicenses (1:3-5) y ha intercedido por ellos (1:11-12); pero en medio ha enseñado acerca de la parusía y sus implicaciones para creyentes e incrédulos (1:6-10).

2. Después, ha dado una extensa información acerca de los eventos que tienen que cumplirse antes de la parusía (2:1-12). Esta sección forma la parte doctrinal esencial de la epístola.

3. Luego, en 2:13, es como si comenzara otra vez desde el principio: recordemos la gran similitud entre 1:3a y 2:13a. Nuevamente tenemos una larga sección (2:13-3:5) dedicada a la oración: empieza con acción de gracias (2:13-14) y termina con intercesión (3:5) y, en

medio, nos encontramos con una mezcla de oración y exhortación a la firmeza y la perseverancia en la doctrina recibida (2:15-3:4).

4. Ahora llegamos a la última gran sección de la carta (3:6-15). Se trata de la exposición de cuestiones éticas y eclesiales derivadas de la doctrina dada en la segunda parte (2:1-12). Pablo confronta con firmeza apostólica la confusión causada en la iglesia por enseñanzas erróneas acerca de eventos futuros, por las falsas expectativas despertadas en algunos creyentes y los trastornos que esto causa en la comunidad. Les exige mano firme en el tratamiento de estos asuntos. Ahora entendemos mejor por qué los llamó a la estabilidad en la tercera sección.

Así pues, en el resto de la epístola, dejamos atrás cuestiones tan sublimes como la escatología o la soberanía de Dios y pasamos a consideraciones tan prácticas y cotidianas como el trabajo secular o las medidas disciplinarias que deben ser tomadas por la iglesia. Después de tratar asuntos tan trascendentes como el Anticristo, la apostasía, el misterio de la iniquidad o la parusía, Pablo termina su carta hablando de algo tan cercano y normal como la cuestión de ganarse el pan de cada día. Aclaradas las dudas respecto a las últimas cosas, ahora enseña a los tesalonicenses las implicaciones de estas cosas para sus labores diarias y para la vida de la iglesia local.

El gran asunto ético que el apóstol se ve obligado a tratar es el "desorden" que las expectativas erróneas de algunos están provocando en la iglesia. Tres veces emplea el mismo adverbio en esta sección: "desordenadamente" (3:6, 7, 11), y, por el contexto de estos versículos, vemos a qué clase de desorden se refiere: el de determinados miembros de la iglesia que, en su afán pseudoespiritual de prepararse para la parusía, han dejado sus trabajos normales y están viviendo a expensas de los demás.

En 1 Tesalonicenses, Pablo ya abordó este tema. En 4:11-12, había enseñado la importancia del trabajo y de una vida bien ordenada, y, en 5:14, había dado instrucciones de tomar medidas de amonestación a los "desordenados". Pero allí, sus palabras habían sido relativamente suaves. Se ve que la primera carta no surtió efecto y, ahora, el apóstol vuelve a la carga, pero con armas más potentes. Empieza esta nueva sección con palabras que no dan lugar a duda en cuanto a la seriedad de su tema ni a su propia autoridad en la iglesia. En la primera carta (5:14), había "exhortado" a los hermanos a que tomaran medidas en este asunto, pero ahora les "ordena". Además, lo hace "en el nombre del Señor Jesucristo", es decir, con su autoridad, de forma que quien no obedece está desobedeciendo no a Pablo, sino al Señor mismo.[270] Esta última frase (*cf.* 1 Tesalonicenses 4:2) indica también que el apóstol habla en plena consonancia con las enseñanzas de Jesús.

Sin duda, la razón de este tono más contundente es que los tesalonicenses no han respondido correctamente hasta este momento; de hecho, la situación parece haber ido de mal en peor. Los misioneros ya les habían enseñado claramente sobre la ética laboral cuando estaban en la ciudad (3:10), y lo habían hecho no solamente por medio de enseñanzas verbales, sino también por el ejemplo de sus propias vidas (3:7-9). Cuando Timoteo volvió de la ciudad con noticias de que el problema persistía, ellos habían repetido las instrucciones pertinentes en la primera epístola. Ahora abordan el tema por tercera vez y con creciente preocupación.[271] Esto, por cierto, es todo un ejemplo de cuidado pastoral: empezar con un tono cariñoso y persuasivo, pero, si es necesario, ponerse firme y exigir obediencia; empezar exhortando y acabar "ordenando".

Esta última palabra, emparentada con "desordenados", también se repite varias veces en esta sección (3:6, 10, 12). Procede del mundo militar. Se refiere a la "órdenes" que un oficial da a los soldados

---

270   Al llamarles "hermanos", Pablo no solamente suaviza un poco el tono de mando que está empleando, sino que indica con ello un cambio de tema o sección.

271   *Cf.* Green, pág. 353: *En la primera epístola, los apóstoles no veían la necesidad de resaltar la fuente divina de esta instrucción, pero ahora la situación en la iglesia se ha degenerado. La enseñanza que sigue es autoritaria y los apóstoles esperaban que toda la comunidad se conformara a la instrucción entregada.*

rasos. Aquí, pues, Pablo asume el mando. Tiene esa autoridad concedida por el Jefe supremo del ejército, y espera ser obedecido (3:4). Es apropiado que emplee este término, porque "desordenados" es igualmente un vocablo militar, que se refería originalmente a los soldados que no guardaban filas ni respetaban las órdenes de sus oficiales. Aunque no nos guste, los creyentes debemos recordar que estamos "bajo autoridad" y que seguir a Cristo implica obedecerle. Pero, puesto que él no se halla presente en persona para mandarnos, sus órdenes nos llegarán frecuentemente a través de los "oficiales" de su ejército: los apóstoles en primer lugar, y los pastores en lo sucesivo: *Dejaos persuadir por quienes os dirigen y sed dóciles, porque ellos velan por vuestras almas, como quienes han de dar cuenta* (Hebreos 13:17).

Aunque Pablo no dice explícitamente que la razón por el "desorden" de los "vagos" estribaba en sus erróneas expectativas acerca de la parusía, es casi seguro que esta vinculación existía.[272] Los desordenados habían abandonado sus empleos porque ¿para qué trabajar si el retorno de Cristo está a la vuelta de la esquina? ¡Mucho mejor dedicarse a la oración y la alabanza! De ahí que Pablo haya dedicado la parte doctrinal de la epístola a corregir malentendidos escatológicos, en preparación para la parte ética de la misma.

Órdenes sobre orden y desorden (3:6-15)

Aquí conviene detenernos un momento para considerar sus instrucciones éticas dentro de su contexto bíblico. En las Escrituras, el tema del orden y del desorden es muy importante. Arranca desde el principio, cuando todo era un caos "sin orden" (Génesis 1:2). La creación significó la imposición por parte de Dios de un orden físico por encima del caos original. El ser humano formó parte de ese orden de Dios. Tenía su puesto dentro de la organización universal y recibió instrucciones acerca de su papel en la ordenación de las cosas

---

272   Green, págs. 351-352, discrepa.

(Génesis 1:26-28). Pero todo amenazó con venirse abajo cuando el hombre se extralimitó queriendo hacerse como Dios y salirse de su correcta posición en el orden natural (Génesis 3:5). La serpiente no solamente induce al mal, sino también al desorden. Todo su afán es deshacer el orden divino y hacernos volver al caos.

El Hijo, nuestro "Señor Jesús, el Mesías", tomó forma humana y se manifestó entre nosotros precisamente para destruir las obras del diablo (1 Juan 3:8). El programa redentor de Dios mediante el evangelio significa la restauración (¡reordenación!) de todas las cosas (Efesios 1:10). Cada elemento debe volver a su lugar apropiado en la ordenación divina. Esto significa no solamente la redención del mundo natural (Romanos 8:19-22), sino la restauración de nuestra plena humanidad, de las ordenanzas de Dios en cuanto a la constitución de familias (Génesis 1:28; 2:24) y a los papeles respectivos de hombre y mujer en los designios de Dios (Efesios 5:22-33).

Ahora bien, uno de los elementos importantes dentro de las ordenanzas de la creación tiene que ver con la laboriosidad del hombre. No fue creado para ser ocioso, sino para "trabajar la tierra" (Génesis 2:15), con todo lo que esto implica no solamente del desarrollo de la agricultura, sino también de la ciencia, las artes, las letras y todo el potencial que Dios le había concedido. El ocio tiene su lugar, pero el ser humano no fue diseñado por Dios para ser ocioso, sino para colaborar con él en la ordenación del mundo. La dedicación al ocio, aunque sea por motivos supuestamente espirituales, no forma parte del plan de Dios para el hombre redimido.

Por eso, Pablo no considera digna de alabanza la falsa espiritualidad de aquellos que habían dejado sus trabajos a fin de esperar en arrebatos místicos el retorno de Cristo, sino que atentaba directamente contra los claros propósitos de Dios. Para él, el "andar desordenadamente" incluía algo tan elemental como el no querer trabajar.

Debemos insistir en este punto. El mandato de trabajar no es consecuencia de la caída del hombre, sino que forma parte de las intenciones iniciales de Dios para él. La caída, desde luego, introdujo un elemento nefasto en el trabajo: ya no sería una actividad hermosa y satisfactoria del hombre, sino motivo de mucha angustia. Pero esto significa que la redención en Cristo no es una invitación a tomarnos vacaciones perpetuas, sino a asumir la laboriosidad para la cual fuimos creados por Dios. No puede existir realmente un creyente ocioso.[273] La persona que no trabaja es una persona que va menguando su humanidad. El trabajo es un componente necesario de nuestra vida.

Por todo ello, la ociosidad de algunos miembros de la iglesia tesalonicense no era signo de gran espiritualidad, como ellos pretendían, sino que contravenía claramente el orden de Dios. Como consecuencia, eran unos "desordenados" que necesitaban volver al "orden" de Dios siguiendo las "órdenes" del apóstol.

Que os apartéis (3:6)

El desorden entraña consecuencias. Pablo mencionará algunas en los versículos siguientes. Entre ellos, en este caso, está la vergüenza de vivir a expensas de los demás y pasar el día entrometiéndose indebidamente en vidas ajenas: el ocioso tiene mucho tiempo libre para dedicarse al chismorreo y para meterse en asuntos que no le competen.

Pero, ante el peligro que los ociosos pueden introducir en la congregación, los miembros fieles no deben lavarse las manos y ser, ellos también, inactivos. Deben tomar medidas disciplinarias. Deben "apartarse" de la gente que no quiere trabajar ni formar parte del orden de Dios; es decir, deben mantenerse alejados de ellos a fin de no participar en sus actitudes y acciones.

Pablo abundará más en las implicaciones de este "apartamiento" en 3:14-15, así que no vamos a dedicar tiempo a ello en este momen-

---

273   Tema aparte es la cuestión del paro no deseado. En nuestra generación escasean los puestos de trabajo y muchos creyentes se encuentran sin labor remunerada. Aun así, no deben entregarse a la pereza, sino que han de ser creativos en la ocupación de su tiempo libre, empleándolo en el servicio de Dios y del prójimo.

to. Solo señalaremos que es probable que este sea justo el camino contrario al que seguían en ese momento. Sin duda, algunos de los fieles estaban contribuyendo abnegadamente al sostenimiento de los sinvergüenzas superespirituales que se aprovechaban de su generosidad. Lejos de apoyarles con vuestras ofrendas y ayudas, dice Pablo, debéis apartaros de ellos, no brindarles apoyo. Debéis separaros de ellos, porque, por mucho que hagan alarde de su fe, están atentando contra el orden de Dios.

En el caso tratado por Pablo, las instrucciones desobedecidas tenían que ver con el trabajo. Pero el principio puede hacerse extensivo a otras áreas de conducta ética: quien no acata las normas de la comunidad ni responde ante las exhortaciones de los demás miembros y los pastores, debe ser finalmente tratado con alejamiento.

Según la enseñanza recibida (3:6)

La última frase del versículo, que afirma que los vagos están viviendo desordenadamente y "no según la enseñanza que recibieron de nosotros",[274] es interesante por cuanto indica que, para Pablo, las enseñanzas de los misioneros llevaban el sello de autoridad del Señor. En otras palabras, tal y como ya vimos en torno a 2:15 (*retened las doctrinas como fuisteis enseñados*), aquí estamos en los comienzos de la "tradición apostólica",[275] que fue entregada por los discípulos inmediatos de Jesús a los recién convertidos con la finalidad de que ellos, a su vez, la transmitieran a sucesivas generaciones de creyentes.

Como hemos dicho, ya en su primera carta, Pablo hizo referencia a la trasmisión de este cuerpo de enseñanza: *Habiendo recibido de nosotros la palabra del mensaje de Dios, la acogisteis no como palabra de*

---

274 Algunos manuscritos antiguos dicen "vosotros recibisteis" y otros, "ellos [los desordenados] recibieron". En cuanto al significado del texto, la variación no es importante.

275 La palabra traducida como "enseñanzas" puede significar "tradición". Véase BJ; BVA; CI; DHH; LP; NC; Hendriksen, págs. 229-230.

hombres, sino tal como es en verdad, palabra de Dios (2:13); *os rogamos y exhortamos en el Señor Jesús que, de la manera que aprendisteis de nosotros cómo debéis vivir y agradar a Dios... así abundéis aún más* (4:1). Pero ahora, los desordenados están despreciando y desobedeciendo "la tradición". Este es un asunto muy grave y debe ser tratado con urgencia. Los fieles deben desmarcarse de los vagos y así mostrarles la desaprobación de su comportamiento.

Notemos bien que la infidelidad de algunos hermanos pone a los demás bajo una obligación que no deben eludir. Pablo no está aconsejando a la iglesia ni recomendando cierta línea de actuación, sino mandándola. Él mismo dirigirá palabras de amonestación directamente a los desordenados (en 3:12), pero esto no exime a los demás creyentes de llevar a cabo su parte (3:14-15).

El ejemplo de los misioneros

2 Tesalonicenses 3:7-10

Capítulo 19

La vida bien ordenada de los misioneros (3:7-8)

Porque vosotros mismos sabéis de qué manera debéis imitarnos, pues no fuimos ociosos entre vosotros, ni comimos de balde el pan de nadie; sino que trabajamos con afán y fatiga de noche y de día, para no ser carga a ninguno de vosotros.

Ante la indolencia de los desordenados, Pablo opone el ejemplo de la conducta de los misioneros cuando ellos se encontraban en Tesalónica.[276] El apóstol ya había tenido ocasión de hacer referencia a ella en su primera carta:

Os acordáis, hermanos, de nuestra fatiga y arduo trabajo, que trabajando de noche y día, a fin de no ser gravosos a ninguno de vosotros, os proclamamos el evangelio de Dios (1 Tesalonicenses 2:9).

---

276   Es muy sugerente el comentario que hace Barclay, pág. 260, sobre los posibles antecedentes de esta enseñanza de Pablo: *Pablo les cita su propio ejemplo. Toda la vida fue un obrero manual. Los judíos tenían en alta estima el trabajo… Pablo se había graduado como rabino, pero la ley judía establecía que un rabino no podía cobrar por enseñar, sino que debía tener una profesión secular para cubrir sus necesidades con el trabajo de sus manos. Así es que encontramos rabinos que eran panaderos, barberos, carpinteros, albañiles y toda clase de artesanos. Los judíos creían en la dignidad del trabajo honrado y estaban seguros de que un enseñador perdía algo cuando llegaba a ser tan académico o místico que se olvidaba de trabajar con las manos.*

En aquella ocasión, tenía que defender su ministerio ante la calumnia de los que estaban insinuando que los misioneros eran unos "vividores" mercenarios cuyo único interés era enriquecerse a expensas de los creyentes.[277] Sin embargo, es posible que Pablo también introdujera el tema porque temía que algunos utilizaran la esperanza de la parusía como excusa para la indolencia. En todo caso, había dejado un buen ejemplo personal para los recién convertidos. No solamente les habían predicado con sus palabras, sino por medio de su conducta coherente, porque el siervo fiel de Dios no enseña solamente desde el púlpito, sino también con su manera de vivir.

Los tesalonicenses, pues, tienen la responsabilidad de imitar a los misioneros. Y, efectivamente, la mayoría había seguido ese ejemplo:

> *Sabéis quiénes fuimos entre vosotros por amor de vosotros. Y vosotros… fuisteis hechos imitadores nuestros y del Señor* (1 Tesalonicenses 1:5-6).

Sin embargo, no todos permanecieron fieles a las instrucciones ni al ejemplo dejado por los misioneros. Algunos se habían desviado ellos.

Por eso, Pablo vuelve a los orígenes de la iglesia y recuerda a los desordenados cómo había sido su conducta entre ellos. En los versículos 7 y 8, emplea una serie de frases para establecer que el solo ejemplo de los misioneros tendría que haber bastado para anular de la mente de los tesalonicenses toda idea de ociosidad. Esencialmente, constituyen una reafirmación enfática de lo que ya había dicho en la primera carta:

1. "Vosotros mismos sabéis de qué manera debéis imitarnos"
Empieza estableciendo un principio general: los recién convertidos deben ser instruidos no solamente con las enseñanzas verbales de

---

277   Cf. Morris (1), pág. 165: *Todo este versículo es muy similar a 1 Tesalonicenses 2:9, aunque el motivo para hacer tal declaración es distinto. Entonces estaba manifestando la pureza de sus motivos, mientras que ahora apela a la fuerza de su ejemplo.*

aquellos que los han conducido a Cristo, sino también con su ejemplo. Deben obedecer las instrucciones e imitar su ejemplo.[278]

2. "No fuimos ociosos entre vosotros"

Este ejemplo no consistía en el desorden. Aunque llamados por Cristo a abandonar su trabajo secular para hacerse pescadores de hombres, los misioneros no eran de ninguna manera perezosos ni estaban ociosos, sino todo lo contrario: en momentos determinados, cuando su discernimiento espiritual lo aconsejaba, volvían a trabajar con sus manos además de cumplir con su comisión evangelística.[279]

3. "No comimos de balde el pan de nadie"

Es decir, "no vivimos a expensas de nadie". Los tesalonicenses nunca tuvieron que intervenir con actos de caridad para mantener a los misioneros, porque estos ganaban siempre su propio sostenimiento. Jamás pidieron comida a los creyentes. No comieron el pan de nadie "como una donación" o "gratuitamente" (el sentido literal de la frase), sin pagar por él.[280] Supongo que esto no quiere decir que nunca quisieron aceptar hospitalidad, sino que, al ofrecérsela, los tesalonicenses no se sintieron obligados a causa de la indigencia de los misioneros, porque ellos se sostenían a sí mismos.[281] Hacían justo lo opuesto de lo que haría una persona motivada por la codicia (cf. 1 Tesalonicenses 2:5) o entregada a la pereza.

---

278   Cf. Morris (2), pág. 252: *La expresión ["sabéis de qué manera debéis imitarnos"] es fuerte... La imitación de los apóstoles no es opcional. Pablo la considera una obligación ineludible de los convertidos.*

279   Cf. MacDonald, pág. 1032: *[Pablo] no abandonó su actividad de fabricación de tiendas simplemente porque el Señor fuese a volver. Él estaba desde luego esperando que Cristo llegase en cualquier momento, pero estaba sirviendo y trabajando con la conciencia de que el Señor podría no venir durante su vida.*

280   La referencia puede ser a su alojamiento en casa de Jasón (Hechos 17:5-9). Sin duda, no vivían allí sin pagarle la estancia. Cf. Nueva Biblia Inglesa: *No aceptamos cuarto y comida de nadie sin pagar por ello.*

281   Cf. Morris (1), pág. 165: *El apóstol no está diciendo que él no disfrutó de comidas gratuitas, sino que se negó a ser carga para nadie en lo relativo a su subsistencia.*

4. "Trabajamos con afán y fatiga de noche y de día"

La conducta de los misioneros era digna de imitación porque constituía un ejemplo extremo del principio en cuestión: no solamente se dedicaron "tranquilamente" al trabajo (1 Tesalonicenses 4:11), lo cual es exigible a todos, sino que lo hicieron "con afán y fatiga de noche y día", a lo cual todos debemos estar dispuestos, pero que no es siempre necesario.[282] Lo mínimo que Dios nos manda es que no seamos ociosos, sino laboriosos. Pero, a veces, a causa de situaciones de necesidad, tenemos que ir más allá del mínimo exigible y "sudar la gota gorda", con trabajos sucios o desagradables, haciendo horas extra cuando otros están descansando, cualquier cosa que ayude a hacer avanzar el reino de Dios.

De hecho, esta frase y la siguiente son idénticas a 1 Tesalonicenses 2:9. En ambos casos, es evidente que los desordenados estaban actuando de una forma diametralmente opuesta al ejemplo de los misioneros. Aquellos no querían dar golpe;[283] estos se sacrificaban trabajando.

5. "No quisimos ser carga a ninguno de vosotros"

Pero, detrás de esta actividad, había una hermosa motivación fraternal. No querían de ninguna manera imponerse sobre sus hermanos recién convertidos, sino que estaban dispuestos a sufrir con tal de no ser carga para ellos. El apóstol vio su situación económica un tanto precaria y no quiso entorpecer la naturaleza gratuita del evangelio pidiéndoles sostenimiento. No deseaba que nadie, en su evangelización, pudiera atribuirle motivos económicamente interesados. Por eso, decidió libremente prescindir de su derecho a recibir ayuda material a cambio de su ministerio espiritual. Escogió dedicar-

---

282   En aquel entonces, el horario laboral solía acabar al ponerse el sol, pero Pablo se veía en la necesidad de seguir trabajando aun de noche.

283   *Cf.* Hendriksen, pág. 231: *¡Estos últimos [los misioneros] habían estado predicando el evangelio y además trabajando con sus manos! Los otros no movían ni siquiera un dedo para realizar un trabajo útil. ¡Eran haraganes y gorrones! En vez de ser de ayuda, eran obstáculos para el progreso del evangelio.*

se al pluriempleo, trabajando en su oficio de fabricante de tiendas, y ocupando sus horas de "ocio" en el cuidado pastoral de los creyentes. ¡Para Pablo, el ministerio apostólico significó el pluriempleo, no el abandono de su trabajo secular! Su decisión respondía a la situación real de los tesalonicenses y a los motivos desinteresados del apóstol.

Derechos y ejemplaridad (3:9)

No porque no tengamos derecho, sino para que nos diéramos a nosotros mismos como ejemplo a vosotros, para que nos imitarais.

En el versículo 9, Pablo insiste en el carácter ejemplar de su conducta. En principio, dice, los misioneros tenían unos derechos inherentes a su ministerio. Debían ser sostenidos materialmente por los que se beneficiaban de su ministerio espiritual.[284] El obrero es digno de su salario (Mateo 10:10), y los misioneros habían sido fieles en la obra de Cristo. El Señor Jesucristo mismo había ordenado "a los que proclaman el evangelio, que vivan del evangelio" (1 Corintios 9:14); es decir, aquellos que reciben los beneficios del mensaje espiritual tienen la obligación de atender a los evangelistas en sus necesidades materiales (1 Corintios 9:11). Sí. Los misioneros podrían haber pedido a los creyentes esta recompensa, pero se negaron a hacerlo.[285]

La razón de esta negación que Pablo aduce es que quería dejarles un buen ejemplo de laboriosidad. Sin embargo, sabemos que esta no fue la *primera* razón, porque Pablo ya ha aducido otra: el hecho de trabajar con sus manos no se debió tanto a que quería ser ejemplo para los tesalonicenses como a que no deseaba ser una carga para ellos. En todo caso, fue una decisión que sentaba precedentes: era un auténtico ejemplo de laboriosidad para ellos. Si los misioneros, que

---

284 Esta es una enseñanza en la que el apóstol insiste en varias ocasiones. Véase, por ejemplo, además de nuestro capítulo, 1 Corintios 9:1-18; 1 Timoteo 5:17-18.

285 *Cf.* Morris (1), pág. 166: *Más de una vez, Pablo se abstuvo de ejercer tal prerrogativa, pero nunca olvidó que la tenía.*

podrían legítimamente haber renunciado a trabajar con sus manos para dedicarse al ministerio cristiano, se negaron a hacerlo, cuánto más deberían los desordenados, que no han recibido ese llamamiento, haber sido fieles en su laboriosidad.

Los recién convertidos tienen la obligación en Cristo de imitar la conducta de los que han sido instrumentos de Dios para su conversión. Obviamente, este principio no es absoluto: desafortunadamente, no todo lo que hay en los siervos de Dios es digno de imitación, y, de todas maneras, no todos sus dones y ministerios se prestan a ser copiados. Pero, en la medida en que ellos mismos son imitadores de Cristo, deben ser modelos para los cristianos jóvenes (1 Corintios 4:16; 11:1; 1 Tesalonicenses 1:6). De la misma manera que los niños pequeños crecen imitando a sus padres, los nuevos creyentes aprenden a andar en el camino de la fe al ver y copiar el ejemplo de sus padres espirituales.

El vago no debe ser sostenido en su ociosidad (3:10)

Porque aun cuando estábamos con vosotros, os ordenábamos esto: Si alguno no quiere trabajar, tampoco coma.

Los misioneros habían enseñado a los tesalonicenses por medio de su ejemplo, pero también, por supuesto, por medio de sus enseñanzas. Les habían comunicado que la verdadera conversión cristiana conduce no al ocio, sino a una mayor responsabilidad laboral. Sin duda, su énfasis fue similar a lo que Pablo les repitió en su primera carta:

Os rogamos, hermanos… que os esforcéis por vivir tranquilamente, y ocuparos en vuestros propios asuntos, y trabajar con vuestras manos, como os ordenamos; a fin de que andéis decentemente para con los de afuera, y de nada tengáis necesidad (1 Tesalonicenses 4:10-12).

Incluso puede haber sido aún más fuerte. Ahora les recuerda que había enseñado repetidamente[286] que aquellos que no quieren trabajar no deben ser sostenidos gratuitamente por los demás: *Si alguno no quiere trabajar, tampoco coma.* Muchas veces la holgazanería va acompañada por la desfachatez de pensar que "la iglesia me debe el sostenimiento". Aunque las Escrituras son muy explícitas al enseñar que el creyente debe dar de comer al hambriento (Mateo 25:35, 42; Romanos 12:20) y compadecerse de aquellos que realmente padecen necesidad, y aunque Pablo está a punto de recordarnos nuestra obligación de "hacer el bien" (3:13), sin embargo no debemos consentir las malas actitudes de los desordenados; no debemos proveer para las necesidades materiales del que está hambriento a causa de su propia pereza.[287]

Y esto no es una mera sugerencia orientativa, sino una orden firme que exigía la pronta obediencia de los tesalonicenses. Ni el ejemplo de los misioneros ni sus claras instrucciones podían servir a los desordenados como excusa para justificar su pereza. Al desobedecer los mandatos apostólicos estaban negando su discipulado cristiano.

¡Obediencia! Si el tema del trabajo y la laboriosidad no es muy popular, aún menos lo es la idea de que la vida cristiana es en gran medida una vida de obediencia. Cuando los apóstoles ordenan a sus lectores, presuponen que lo que están pidiendo va en contra de los impulsos de la carnalidad. No tendrían necesidad de exhortarnos si fuera cuestión meramente de cumplir con lo que es conforme a nuestro gusto. Nuestra tendencia natural es llenar la vida de cosas agradables, pasatiempos, diversiones, que satisfacen nuestros apetitos y deseos… y tratar el trabajo como un mal ineludible que debe ocupar el espacio más pequeño posible en nuestro tiempo. El trabajo es considerado solamente como un medio para hacer viable la "vida real" de nuestros placeres.

---

286   Este es el probable significado del uso del tiempo imperfecto, "ordenábamos". Véase Green, pág. 358; Morris (1), pág. 166.

287   *Cf.* Hendriksen, pág. 233: *Si tal persona rehúsa trabajar, que pase hambre. Esto le enseñará una lección.*

En cambio, la Biblia contempla el trabajo como parte esencial del programa de Dios para nuestras vidas. Quien no trabaja está fuera de la voluntad de Dios.[288] Por tanto, el apóstol, que ya ha rogado y exhortado a los tesalonicenses a este respecto (1 Tesalonicenses 4:10; 5:14), ahora les exige y ordena. Primero (3:10), les recuerda que, aunque en el pasado haya empleado palabras más suaves, su intención era siempre que recibieran sus palabras como una orden que debía ser obedecida; luego (3:11-12) se vuelve a los desordenados y los ordena directamente a que vuelvan a la disciplina de Cristo.

Y esta orden es válida para nosotros también. Como ya hemos dicho, es inconcebible que un creyente verdadero sea indolente. La santidad incluye la obligación de llenar nuestras vidas de cosas útiles que puedan glorificar a Dios, beneficiar al prójimo y desarrollar nuestro potencial personal. Incluye la disciplina del trabajo. Incluye la abnegación y la sincera preocupación por los que realmente pasan necesidad:

En imitación del ejemplo de Cristo, que con su amor llegó hasta sacrificarse a sí mismo por los suyos, los que han sido salvados por gracia [deben llegar] a ser tan abnegados que les repugne la mera idea de llegar a ser innecesariamente una carga para sus hermanos y, por otro lado, [deben] anhelar la oportunidad de compartir lo que tienen con aquellos que realmente están en necesidad.[289]

---

288 Insisto: estamos contemplando el caso de aquellos que no *quieren* trabajar. Otro muy diferente es el de la persona que desea trabajar, pero que no encuentra empleo. *Cf.* Stevens, pág. 533: *Aquellos que no podían trabajar tenían derecho al sostenimiento; los que se negaban a trabajar, aunque tuvieran pretextos religiosos, no deberían ser sostenidos por la caridad de sus hermanos... Pablo no dice: Cualquiera que no trabaja, que no coma; sino: Cualquiera que no* **quiere** *trabajar.*

289 Hendriksen, pág. 233.

Instrucciones para los desordenados

2 Tesalonicenses 3:11-13

Capítulo 20

Características de la vida desordenada (3:11)

Porque oímos que algunos entre vosotros viven desordenada-mente, no trabajando, sino entremetiéndose.

Ahora, por fin, Pablo desvela la causa de las instrucciones que ha dado a partir de 3:6. Le han llegado noticias acerca del desorden en la iglesia tesalonicense. Aunque, en otras ocasiones, él nombra a la persona que le ha comunicado las noticias (véase, por ejemplo, 1 Corintios 1:11; 11:18), en esta ocasión no nos enteramos de quién le ha informado.[290] Tampoco señala por su nombre a los desordenados, aunque la impresión que recibimos es que los conocía y podría haberlo hecho. Prefiere mantener el anonimato. A sus lectores les bastaba saber que estaba al tanto de la situación en Tesalónica: entre

---

290   Los comentaristas que se atreven a especular sobre la cuestión suelen proponer que el informador fue Timoteo. Por ejemplo, Green, pág. 359: *Algún mensajero llevó 1 Tesalonicenses a la iglesia (¿Timoteo?) y, quizá al volver con Pablo, expuso que los desordenados no hacían caso a la enseñanza entregada en esa epístola.*

los miembros de la congregación,[291] algunos (pero no la mayoría) estaban viviendo sin dedicarse a sus trabajos, pero sí ocupándose de asuntos ajenos que no eran de su incumbencia.

Al llegar a este punto en su argumento, Pablo recurre a un juego de palabras para enfatizar lo que quiere enseñar y para subrayar el contraste entre la laboriosidad y la ociosidad. En griego, "trabajar" (*ergazomai*) y "entremeterse" (*periergazomai*) tienen la misma etimología. La frase es deliberadamente graciosa, como si dijéramos: "los que no *trabajan* causan *trabas*".[292]

El asunto era serio y estaba causando malestar en la iglesia. Suponemos que los que habían abandonado las herramientas de sus oficios se entregaban inicialmente a la oración y a la espera activa del retorno de Jesucristo. Pero, cuando los días de espera se convertían en semanas, y las semanas en meses, la oración flaqueaba y se encontraban con mucho tiempo sin nada que hacer. Entonces se dedicaban a ir visitando a los demás creyentes asegurándoles que la parusía estaba a la vuelta de la esquina, animándoles a abandonar también sus trabajos seculares y esperando recibir la hospitalidad de sus anfitriones. Incluso es posible que, considerándose más espirituales que los demás, empezaran a intervenir en asuntos que realmente debían ser tratados no por ellos, sino por los ancianos de la iglesia.[293]

La triste realidad es que, cuando los creyentes no nos dedicamos a las labores legítimas que Dios ha preparado para nosotros, pronto

---

291   Quizás sea significativo que Pablo no diga "algunos de vosotros", sino "algunos entre vosotros": los desordenados asisten a las reuniones de la iglesia, pero su conducta pone en entredicho el que sean verdaderamente miembros de ella.

292   Para mantener el juego de palabras, Hendriksen, pág. 234, propone la traducción: *no activos trabajadores, sino activos entremetidos; cf.* Jamieson, Fausset y Brown, pág. 552: *No haciendo nada en sus negocios propios, mas haciendo demasiado en los negocios ajenos;* MacDonald, pág. 1033: *No tienen más ocupación que ocuparse en cosas ajenas;* Hogg y Vine, pág. 289: *No se ocupan de sus propios negocios, sino que se ocupan excesivamente de los negocios de los demás* (estos últimos autores presentan una relación de otros ejemplos de "paronomasia" o juegos de palabras en las epístolas paulinas).

293   *Cf.* Hendriksen, pág. 234: *Volviendo al hogar sin el diario sustento, luego se aprovechaban de otros o aun del "fondo de los diáconos" de la iglesia, mezclándose en los asuntos que correspondían a las autoridades.*

nos metemos en cosas superfluas e inconvenientes.[294] Por ejemplo, Pablo tiene que advertir a Timoteo acerca de las viudas jóvenes y "desordenadas": *Aprenden también a estar ociosas, yendo de casa en casa; y no solo ociosas, sino también chismosas y entremetidas, hablando las cosas que no deben* (1 Timoteo 5:13).[295]

Sin duda, los ociosos habrán empleado argumentos muy plausibles y espirituales para justificar su decisión de abandonar el trabajo: "Dejar de depender del sistema económico laboral del mundo es un acto de gran fe en la provisión de Dios; el trabajo secular es una forma de carnalidad; nosotros, en cambio, nos hemos apartado para servir solamente al Señor; los que seguís trabajando no sois muy espirituales, porque os aferráis a las cosas materiales de esta vida en vez de poner la mira en las cosas de arriba". La sutileza de esto consiste, por supuesto, en que hay algo de verdad en lo que decían: Sí que puede ser evidencia de mundanalidad aferrarnos al trabajo si Dios nos llama realmente a ejercer otro ministerio, y el materialismo es siempre una tentación para el creyente. Pero, en realidad, esta clase de argumentos servía solamente para dividir a la iglesia en dos bloques, los normales y los superespirituales, y para justificar la indolencia desordenada de estos.

Nosotros, igualmente, debemos tener mucho cuidado en el momento de justificar nuestras acciones. Podemos engañar a los demás, e incluso a nosotros mismos, atribuyendo motivos sublimes a acciones egoístas o a posturas fáciles e interesadas.

---

294   Cf. Mahan, pág. 44: *No teniendo nada constructivo que hacer, gastan el tiempo interfiriendo en las vidas y negocios privados de los demás.*

295   Comenta Barclay, pág. 260: *Puede que haya pecados más graves que el chismorreo, pero no hay ninguno que haga más daño en la iglesia.* Cf. Airhart, pág. 562: *Es difícil pensar en una influencia más dañina en una iglesia que la de una lengua chismosa o de un miembro ocioso que se mete por todos lados.*

Trabajar y comer (3:12)

A los tales, ahora ordenamos y exhortamos por el Señor Jesucristo, que trabajando ordenadamente, coman su propio pan.

Pablo veía que la situación de desorden tenía una solución fácil: que los desordenados volvieran al empleo, ganaran su propio salario y sufragaran sus propios gastos. Sin embargo, sabía que esta solución no iba a ser de fácil aplicación a causa de la arrogancia espiritual de los desordenados. Por eso, deja de lado su discurso amable de amigo y hermano, y saca la artillería pesada de su autoridad apostólica.[296] Se dirige directamente a los ociosos y les "ordena". Nuevamente, el verbo empleado es el que se refiere a la orden militar, que exige una obediencia inmediata (*cf.* 3:4, 6, 10). Pero, a él, Pablo añade un segundo verbo, "exhortar" o "amonestar", no para suavizar la exigencia, sino para transmitir la idea de que desea persuadirles personal y afectuosamente,[297] pero siempre con firmeza.[298] Luego, señala que su mandato les llega "en el Señor Jesucristo". Es decir, Pablo no les está comunicando su propio parecer ni les habla con su propia autoridad, sino que les transmite el criterio de Cristo y les ordena con *su* autoridad. Si realmente reconocen a Jesús como el Mesías (y el mero hecho de que estén esperando su retorno con tanta ilusión indica que sí), entonces deben obedecer lo que manda su portavoz, su enviado legítimo. No obedecerlo no significa desprecio hacia los misioneros, sino hacia el Rey que los ha enviado.

A la vez, la frase "en el Señor Jesucristo" puede introducir el mismo tono fraternal que observamos en los verbos "ordenar" y "ex-

---

296   Él hace lo contrario en Filemón 8 y 9: *Aunque tengo mucha libertad en el Mesías para mandarte lo que es apropiado, más bien te ruego a causa del amor…*

297   *Cf.* Morris (2), pág. 256: *Pablo no nos deja con dudas acerca de su reprobación de la conducta [de los desordenados], pero su tono es siempre fraternal.*

298   Comenta Green, pág. 360: *La combinación de los dos [verbos] subraya la autoridad de la exhortación y la necesidad de cumplirla… Los apóstoles construyen la exhortación a los desordenados en el lenguaje y la forma más fuerte que podían.*

hortar": desde luego, refuerza la autoridad de las palabras de Pablo; pero, si les exhorta en Cristo, es porque sigue creyendo que ellos están "en Cristo", no fuera de él.[299]

Lo que el Señor les manda es que "trabajen ordenadamente". Primero, ¡que trabajen!: en el Antiguo Testamento, fue Dios quien dio la orden (Génesis 2:15); ahora, es "el Señor Jesús". Luego, que lo hagan "ordenadamente". La idea no es que se dediquen a llevar a cabo sus oficios con espíritu perfeccionista, sino más bien que dejen de vivir agitados por las falsas expectativas de su retorno inmediato, que dejen de alborotarse y se pongan a trabajar. Es la misma idea que ya hemos encontrado en 1 Tesalonicenses 4:11: *Que os esforcéis por vivir* **tranquilamente**, *y ocuparos en vuestros propios asuntos, y trabajar con vuestras manos.*

Si así lo hacen, podrán "comer su propio pan", es decir, "ganarse la vida". No tendrán que ser lastre ni molestia para los demás. En cambio, si no lo hacen, se harán daño a sí mismos al estar fuera de la voluntad de Dios, y seguirán causando daño a la iglesia. Hasta aquí, han dependido de la caridad de otros; de aquí en adelante, deben aprender a depender de Dios obedeciendo su mandato de trabajar.

La gloriosa alternativa: hacer el bien (3:13)

Y vosotros, hermanos, que no os desalentéis haciendo el bien.

Aparentemente, Pablo cambia de tema y de dirección. Ya no se dirige a los desordenados, sino a los demás "hermanos". Si aquellos tienen la responsabilidad de trabajar, estos deben seguir haciendo buenas obras.

Sin embargo, en realidad, el cambio no es tan brusco como podría parecer. El apóstol ha tenido que pronunciar palabras severas

---

299   *Cf.* Morris (2), pág. 256: *Ellos, como Pablo mismo, estaban en Cristo. La expresión presenta un tono fraternal, además de llamar la atención a las obligaciones que tienen por estar en Cristo.*

a los ociosos y la tendencia de nuestra naturaleza caída es a sentir autocomplacencia cuando la represión es dirigida a otros, pero no a nosotros. Es como si Pablo dijera: "Eh, vosotros, los que seguís trabajando, no os olvidéis de *vuestras* obligaciones. El hecho de no ser, en este momento, el objeto directo de mi represión no os exime de responsabilidad ni permite que os sintáis autosatisfechos".[300]

Pero, sin duda, hay una relación aún más estrecha entre este versículo y los anteriores. Los hermanos laboriosos han debido soportar los abusos de los ociosos. Han tenido que proveerles de alimentos y para otras necesidades y, a la vez, aguantar sus discursos superespirituales, y luego descubrir que lo han hecho en vano. Se han "quemado". Han prestado ayuda a sus hermanos supuestamente "necesitados", pero, ahora, el apóstol les dice que no debían haberlo hecho. Su generosidad ha servido solamente para facilitar la vida ociosa de los desordenados. O sea, ¡haces bien y luego te critican por haberlo hecho! Lo natural, en esta clase de circunstancias, es ir al extremo opuesto y negarse a ayudar a nadie.

En las últimas décadas, las iglesias evangélicas de España han conocido un gran crecimiento gracias a la inmigración de creyentes de otros países. Desafortunadamente, entre ellos han llegado algunos "vividores" que han abusado de la generosidad de las congregaciones solicitando ayuda económica y contando historias creíbles acerca de desgracias inexistentes. Nuestra tendencia ante esta clase de abusos es decir: ¡Ya no ayudamos a ningún inmigrante más! De manera similar, algunas congregaciones estadounidenses han sufrido el timo de falsos "misioneros" que llegan contando maravillas acerca de su ministerio en algún país extranjero y solicitando ayuda económica para esta supuesta "obra de Dios". Como consecuencia, estas iglesias han tomado la decisión de no apoyar a nadie que no tenga el aval

---

300 Comenta Lacueva (en Lacueva-Henry, pág. 337): *La experiencia nos dice que los malos nunca se cansan de hacer el mal, mientras que los buenos sienten continuas tentaciones a cansarse de hacer el bien. La razón es nuestra congénita propensión al mal, por la que el vicio se desliza fácilmente como por un plano inclinado, mientras que la virtud pugna por abrirse paso dificultosamente hacia arriba.*

de una "misión" solvente y reconocida. Pero, así, corren el riesgo de dar la espalda a obreros válidos que han sido verdaderamente llamados por Dios, pero sin pasar por los requisitos de una misión, cuando, en realidad, el hecho de pertenecer a una no garantiza prácticamente nada. Al contrario, hay muchos "vividores" dentro de las misiones, especialmente los que ocupan puestos de autoridad en la sede de la misión y "chupan del bote" de los donativos entregados por las iglesias.

Sí. Es cierto, casi inevitable. Vamos a encontrarnos con mucho engaño y mucha cara dura en el mundo cristiano. Pero, dice el apóstol, nuestras desilusiones no deben alterar nuestro compromiso con los necesitados. Si algunos nos decepcionan, no debemos hacer que otros paguen los platos rotos. Por supuesto, no nos gusta que nos tomen el pelo, pero nuestro disgusto no debe conducir al endurecimiento de nuestro corazón. El abuso nos "cansa", nos desanima y nos hace volvernos introvertidos, sordos ante las peticiones legítimas de otras personas. Pero debemos superar este cansancio y perseverar en nuestra obligación cristiana de "hacer el bien".[301]

Esta última frase tiene un sentido muy general: *realizar lo que sea conforme a la voluntad de Dios en todos los pasos de la vida, haciendo lo excelente, honorable o hermoso… sencillamente en vivo contraste con "hacer el mal"*.[302] La idea es parecida a lo que Pablo expresa en 2 Corintios 13:7: *Oramos a Dios para que vosotros no hagáis nada malo… sino para que vosotros hagáis lo bueno*; o en Gálatas 6:9: *No nos cansemos, pues, de hacer el bien, que al tiempo señalado cosecharemos, si no desfallecemos*. Sin embargo, en este contexto parece que el apóstol está pensando especialmente en la obligación cristiana de prestar ayuda a los necesitados:

No debéis exasperaros tanto por la conducta perturbadora de unos cuantos haraganes hasta el punto de cansaros en el ejercicio de la

---

301   En griego, el vocablo traducido como "hacer el bien" es un verbo compuesto (*kalopoiountes*; "bienhacer") que aparece solamente aquí en todo el Nuevo Testamento.

302   Hendriksen, pág. 235.

*caridad hacia aquellos que realmente lo merecen… No permitáis que unas pocas personas que descuidan **sus** deberes os impidan realizar los **vuestros**. Nunca os canséis de hacer lo que es justo, honorable, excelente.*[303]

Aunque los pobres respondan a vuestra generosidad solamente con ingratitud, antipatía, orgullo, arrogancia o cualquier otra disposición incorrecta, reacciones todas ellas que pueden irritarnos o desanimarnos o dejarnos una sensación de cansancio, debemos luchar no obstante por nunca dejar la meta de hacer el bien.[304]

No os desaniméis ni os canséis de dar a los necesitados o alimentar a los hambrientos simplemente porque hay gente maleducada que se aprovecha de vosotros.[305]

---

303   Hendriksen, pág. 236.

304   Calvino, citado por Morris (2), pág. 257.

305   Mahan, pág. 45.

El trato que deben recibir los desordenados

2 Tesalonicenses 3:14-15

Capítulo 21

Medidas disciplinarias (3:14)

Si alguno no obedece a nuestra enseñanza por medio de esta epístola, a este señalad para no juntaros con él, a fin de que sea avergonzado...

Los desordenados ya habían recibido la amonestación de los misioneros acerca de sus obligaciones laborales cuando estos estaban con ellos en la ciudad (3:10). Sin duda, Timoteo había reforzado esa amonestación durante su visita posterior. Pablo les había repetido en su primera epístola su advertencia acerca de la necesidad de dejar el ocio y ponerse a trabajar (1 Tesalonicenses 4:11-12; 5:14). Ahora, por cuarta vez, es necesario que los desobedientes sean llamados al orden y es evidente que el apóstol ya está perdiendo la paciencia con ellos y, por tanto, exige medidas más drásticas. Recordemos, a ese respecto, que la paciencia de Dios también se agota, y que no somos llamados a seguir tolerando indefinidamente aquella conducta que deshonra a Dios y al evangelio, y causa daño a la comunión de la iglesia.

Habríamos esperado que Pablo dijera: "Ya basta. Hemos mostrado suficiente paciencia con ellos. Por amor a la sanidad de la congregación, deben ser expulsados. Ya hemos cumplido con las instrucciones dadas por Jesús (Mateo 18:15-17): les hemos advertido una y otra vez. No les deis más oportunidades, sino excomulgadlos inmediatamente". Pero no. Lo que sí dice puede parecernos fuerte (porque vivimos en tiempos en que la tolerancia del desorden ha llegado a extremos verdaderamente aberrantes y en que las iglesias se han vuelto intolerantes a la disciplina eclesial), pero en realidad representan una última oportunidad para los desordenados.[306]

Aún hay esperanza de que las palabras contundentes de esta epístola surtan efecto y que los disidentes entren en razón. ¿Pero qué debe hacer la iglesia (y especialmente sus líderes) si esto no ocurre? ¿Deben consentir que los desordenados sigan sin trabajar, sembrando entre los demás sus enseñanzas erróneas acerca de la parusía y viviendo a expensas de la generosidad de hermanos generosos?

¡De ninguna manera! Para bien de la iglesia, para bien del testimonio a los de afuera y para bien de los propios desordenados, se deben aplicar medidas disciplinarias; y estas deben tomar la forma de una clara desaprobación del mal comportamiento de los díscolos por parte de los demás miembros de la iglesia. Es decir, la división encubierta que existe en la iglesia debe exteriorizarse. Los desordenados ya están causando una facción dentro de la congregación, compitiendo con el liderazgo establecido. Es hora de que los demás hermanos se definan, demostrando su lealtad al apóstol, a los misioneros y a los líderes designados por ellos, y mostrando unánimemente su desaprobación de la actuación de los desordenados.

Sin duda, existía en la iglesia un importante sector de aquellos que no deseaban "mojarse": desaprobaban algunas cosas de los

---

306 Comenta Hendriksen, págs. 236-237: *Por supuesto, Pablo y sus compañeros son conscientes de su autoridad y creen en la disciplina... Pero no son partidarios de la dura intolerancia, ni de la acción imprudente, ni de la decisión precipitada... Creen en la honestidad e integridad, y en el ejercicio del amor genuino y de la paciencia... [Pero] si todas las amonestaciones previas fracasan en su propósito, se debe recurrir a medidas más severas.*

desordenados, pero tampoco querían que los líderes los disciplinaran. ¡Quizás esto sea proyectar sobre la iglesia de Tesalónica actitudes y costumbres del siglo XXI, pero creo que el ser humano siempre ha tenido la tendencia perversa a solidarizarse con los delincuentes y criticar a los jueces! Los miembros fieles ya no deben nadar más entre dos aguas. Deben unirse o bien a los líderes legítimos de la iglesia o bien a los desordenados.

Así pues, Pablo sigue hablando a todos los hermanos que no están infectados por la mala influencia de los desordenados. No solo deben perseverar en las buenas obras (3:13), sino que deben solidarizarse con los líderes al desaprobar la actitud de los desobedientes. Cuando un sector de la iglesia practica o consiente algo que es contrario a la voluntad de Dios, y cuando, después de varias amonestaciones, esta situación no es rectificada ni hay evidencia de arrepentimiento, se hace necesario un principio de separación. Por muy triste que nos resulte, llega el momento en que la iglesia no puede consentir más la presencia en medio suyo de personas que siguen abiertamente desobedientes a los que la gobiernan.

Pablo indica que hay que quemar diferentes etapas en esta disciplina:

1. "Si alguno no obedece a nuestra enseñanza por medio de esta epístola"

La frase "nuestra enseñanza [transmitida] mediante esta epístola" parece innecesariamente compleja: ¿no habría bastado con decir: "si alguno no obedece a esta epístola"? Sin embargo, su carácter enfático es importante. El mensaje llega a los tesalonicenses, ciertamente, a través de Pablo, pero, aunque en un sentido es *su* palabra, sin embargo es esencial y primordialmente la palabra "de las doctrinas con que fuisteis enseñados" (2:15), la "enseñanza recibida" (3:6), las "tradiciones" de la fe verdadera que debían ser transmitidas fielmente de generación en generación porque tenían su origen en Cristo mismo.[307] Desobedecer la enseñanza de los misioneros es sumamente grave porque no es descuidar una mera opinión humana, sino desobedecer la voluntad revelada de Dios.

2. "A este señalad"

Esta instrucción involucra a todos los miembros de la congregación, no solamente a los líderes. El mismo "vosotros" del versículo 13 es el sujeto del "señalad" del versículo 14. Pero probablemente, en la práctica, los que deben tomar la iniciativa de señalar quiénes son los hermanos rebeldes son los ancianos de la iglesia. Ellos deben tener el valor de decir a la congregación en pleno que "Fulano y Mengano persisten en hacer daño a la iglesia y, por tanto, los demás miembros debéis tomar nota de ellos, no hacer caso de sus enseñanzas erróneas y distanciaros de ellos, siguiendo nuestras instrucciones".

Esto, por supuesto, exige valentía porque es una intervención muy arriesgada. Es posible que algunos de los miembros "neutrales", especialmente los familiares de Fulano y Mengano, en vez de someterse al criterio de los ancianos, se solidaricen con los señalados. Incluso puede ser que esta iniciativa conduzca a una abierta división de iglesia. Pero esta posibilidad no debe ser motivo de inhibición por parte de los responsables. Actuar puede traer consecuencias desagradables, pero no actuar es desobedecer a Dios, es otra manera de "vivir desordenadamente".

Nosotros consideramos las divisiones y los conflictos eclesiales como cosas entera e incuestionablemente malas. Sin embargo, en distintas ocasiones, las Escrituras hablan de ellos como necesarios en la providencia de Dios. Pablo escribe a los corintios: *También debe haber divisiones entre vosotros, para que los aprobados se hagan manifiestos entre vosotros* (1 Corintios 11:19). Y el propio Jesús afirmó: *Es*

---

307   *Cf.* Green, pág. 362: *La obediencia esperada no era propiamente a la persona de los apóstoles, sino a su mandato, el cual era una expresión de la tradición autorizada que les entregaron.*

inevitable que vengan los tropiezos, pero ¡ay del hombre por quien viene el tropiezo! (Mateo 18:7). En su soberanía, el Señor permite que tengan lugar confrontaciones desagradables con el fin de revelar quién es quién y sacar a la luz motivaciones y actitudes escondidas. Por muy desagradables que sean esos momentos, Dios está obrando todas las cosas para bien, haciendo una criba entre los que dicen ser creyentes con la finalidad de determinar quiénes son los que realmente desean hacer su voluntad.

3. "Para no juntaros con él"

La intención de señalar a los desordenados y de nombrarlos públicamente no es solamente llamarles la atención, sino exigir que los demás miembros se distancien de sus enseñanzas y de sus acciones conflictivas. Ya lo había mandado en 3:6: *Os ordenamos, hermanos, en el nombre del Señor Jesucristo, que os mantengáis alejados de todo hermano que viva desordenadamente.* No puedes apartarte de los desordenados si no sabes quiénes son. Pero, una vez señalados, se espera de toda la congregación esta iniciativa de desaprobación. No deben ser tratados en lo sucesivo como si nada hubiera ocurrido. Los miembros fieles no han de mantener íntima asociación con ellos. Estos no pueden ser incluidos en el círculo de los amigos cercanos de aquellos.

Hay mucha discusión entre los expertos en cuanto a las ramificaciones exactas de esta separación. No tenemos suficiente información acerca de las relaciones sociales y las formas eclesiales de aquel entonces para dogmatizar al respecto. Solamente podemos aseverar con cierta confianza que los miembros fieles no debían hacer nada que pudiera sugerir que estaban de acuerdo con los desordenados o que aprobaban su conducta.[308]

---

308   Green, pág. 363, va un poco más lejos: *Esta separación significaba... que los demás miembros de la congregación no se reunirían con estas personas. Por lo tanto, los desordenados serían excluidos aun de la cena común de la congregación, la cena del Señor... Además, se prohíbe el trato social fuera del culto, aunque la exhortación de amonestarlos (3:15) implica que no se cortaba toda comunicación con ellos.*

4. "A fin de que sea avergonzado"

Sin embargo, este "ostracismo eclesial" no es la meta, sino solamente un medio que persigue un fin: avergonzar al desordenado.[309] El propósito es correctivo. Es de esperar que, si se consigue que los disciplinados sientan vergüenza, entonces hay buena probabilidad de que reaccionen positivamente y vuelvan al orden de las "tradiciones" establecidas por Dios.

Estas instrucciones quizás nos parezcan severas. Pero notemos bien que lo que Pablo pide en este momento no es que la iglesia excomulgue a los desordenados (contrastar 1 Corintios 5:13: ¡Quitad de entre vosotros al malvado!), sino que les dé una última advertencia y oportunidad. Hay extremos que exigen la excomunión; hay otros que requieren una disciplina menor. Pero, en todo caso, la finalidad perseguida en la actuación disciplinaria de la iglesia debe ser la restauración de los hermanos rebeldes.

Pablo no aborda la cuestión de qué hacer si los desobedientes no responden ni siquiera con estas medidas disciplinarias. Sin duda, siguiendo las instrucciones de Jesús en Mateo 18 y de Pablo mismo en Tito 3:10, la iglesia tendría finalmente que llegar al extremo de excomulgarlos. Pero este extremo no ha llegado todavía.

¿Qué sucede cuando la persona cuya conducta se reprende persiste en rechazar el amoroso consejo y las amonestaciones? Sin duda alguna, tal individuo tendría finalmente que ser excomulgado, puesto que sería revelado en su verdadero carácter como persona facciosa... La tolerancia cristiana tiene sus límites... No obstante, hace bien la congregación en ni siquiera pensar en tal posibilidad hasta que esto se haga absolutamente necesario. De ahí que Pablo aquí en 2 Tesalonicenses 3:14-15 nada dice en tal sentido. ¡Quienquiera que

---

309   Puntualiza Green, pág. 363: *En una sociedad donde el honor y la vergüenza eran valores fundamentales, la separación social que provocaba vergüenza sería una motivación disciplinaria poderosa.*

*se halle en error no debe ser considerado ni tratado como un posible reprobado, sino como un **hermano** equivocado!*[310]

Hermano, a fin de cuentas (3:15)

... pero no lo consideréis un enemigo, sino amonestadlo como a un hermano.

Cuando la represión ha de ser dura y las medidas disciplinarias son fuertes, es fácil que los que las ejercen miren mal a los que han sido causa del problema. Estos suelen ser contemplados como enemigos, en vez de lo que todavía son: hermanos. Además, en aquel contexto social, el anuncio de que alguien ya no era bienvenido en tu casa era casi una declaración de enemistad.

Pero, dice Pablo, esto no debe ser así; las medidas disciplinarias se toman con el deseo de que el hermano desordenado rectifique posturas y vuelva a ser admitido a la plena comunión de la iglesia. Aun en el caso de los verdaderos enemigos de la iglesia, el evangelio nos enseña que debemos responder con bien (Mateo 5:44; Romanos 12:20). Mucho más en el caso de hermanos errados. Si les damos la espalda, es con dolor y con la esperanza de que solo sea por un poco de tiempo.

Y, en todo caso, nuestro apartamiento del hermano disciplinado no debe ser total: hemos de acercarnos a él para amonestarle, para razonar con él y persuadirle que abandone su desorden y se someta a la buena enseñanza de la iglesia. En esto de la amonestación, Pablo vuelve al tema de 1 Tesalonicenses 5. Los hermanos fieles son los que respetan a los que gobiernan la iglesia y responden correctamente ante sus amonestaciones (5:12); los desordenados deben recibir una fuerte amonestación (5:14).[311]

---

310   Hendriksen, pág. 239.

311   *Cf.* Hendriksen, pág. 239: *Que esta obra de amonestación debe ser realizada por la congregación entera es claro por lo que dice 1 Tesalonicenses 5:14... [pero] es evidente, según 1 Tesalonicenses 5:12-13, que los ancianos deben tomar la iniciativa.*

El hermano apartado sigue siendo eso: un hermano. Continúa perteneciendo a la comunidad de la fe, aunque sea excluido de una participación activa.

Al concluir este tema, consideremos algunas de las implicaciones del texto:

- Las ofensas menores y puntuales deben ser tratadas discretamente y en privado. Pablo está hablando de las medidas disciplinarias que hay que tomar en el caso de la desobediencia persistente, deliberada y pública a una enseñanza clara de la palabra de Dios.
- Los desordenados habían sido reprendidos y exhortados repetidamente por medio de la enseñanza, el ejemplo y las cartas de los misioneros. Las medidas drásticas exigidas por ellos llegan solamente después de haber agotado las posibilidades de exhortación y amonestación. Los que deben ser disciplinados son los que se niegan a obedecer, no los que se esfuerzan por obedecer, pero sucumben ante la debilidad de la carne.
- En este caso, la disciplina es un ostracismo social, no la total excomunión exigida en casos de flagrante y persistente inmoralidad. La disciplina debe tomar una forma y una medida apropiadas al carácter del problema tratado.
- El ejercicio de la disciplina es un asunto colectivo, la responsabilidad de toda la congregación.
- La manera en que la disciplina es administrada debe ser "con espíritu de mansedumbre" (Gálatas 6:1), con conciencia de nuestra propia debilidad, con amor y con compasión, deseando ver en el disciplinado cualquier evidencia de contrición y arrepentimiento, anhelando su restauración.
- El propósito de la disciplina es positivo y constructivo. No es castigar y retribuir al desordenado, sino buscar su rectificación mediante la desaprobación colectiva y el consecuente sentimiento de vergüenza.

- La finalidad que perseguimos en la disciplina es "ganar a nuestro hermano" (Mateo 18:15) por medio de estas medidas acompañadas por la exhortación y la amonestación.

Despedida

2 Tesalonicenses 3:16-18

Capítulo 3

La paz de dios (3:16)

Y el mismo Señor de la paz os dé siempre la paz en toda manera.
El Señor sea con todos vosotros.

Pablo ha abordado con arrojo el tema del desorden de algunos de los tesalonicenses y se ha visto obligado a acabar su carta con mal sabor de boca. Aquella congregación que había comenzado con cualidades tan prometedoras (ver especialmente las palabras de encomio en 1 Tesalonicenses 1:6-8) estaba siendo amenazada por las malas actitudes de unos pocos y por los conflictos internos que estas actitudes sembraba en la congregación. No ha tratado el tema con la intención de "removerlo" y complicar más la situación, sino para proponer (¡y exigir!) soluciones, medidas que deben tomarse con urgencia. Lo que él busca no es aumentar el conflicto, sino llamar a los díscolos al orden con el fin de que la asamblea entera viva en armonía y paz.

¡Paz! La intención de Dios es que sus hijos vivan en una relación hermosa de amor fraternal en la cual cada miembro se encuentra a gusto, aceptado y cuidado por los demás. Pero, desgraciadamente, a veces llegamos a pensar que, aquí abajo, esta meta es pura utopía y nos conformamos con que nuestras iglesias, en vez de ser remansos de paz, sean plataformas para pequeñas carnalidades, actitudes egoístas, rivalidades necias y conflictos incesantes. La "superespiritualidad" de algunos conduce a la formación de banderías y facciones en la iglesia con la misma facilidad que la mundanalidad de otros. La paz llega a parecer un valor elusivo y sumamente frágil.

Somos tan propensos a las peleas y a las rupturas como los hijos de Jacob y necesitamos la misma represión (véase Génesis 45:24). La verdad es que si el amor fraternal y la buena armonía entre hermanos dependieran de nosotros, nunca los conoceríamos. Si existe alguna esperanza, es porque la paz es obra de Dios. Por supuesto, el concepto bíblico de la paz es mucho más amplio que la mera ausencia de conflictos e incluye toda forma de bienestar; pero, desde luego, los conflictos atentan contra esta paz.[312] Los creyentes podemos interferir con la obra del Espíritu, y frecuentemente lo hacemos; pero la solución es volvernos de nuevo al Señor y pedirle que haga en nosotros lo que, por nosotros mismos, nos resulta imposible.

Y esto es lo que hace Pablo ahora, al finalizar su segunda epístola, como lo había hecho también al final de la primera: *Y el mismo Dios de la paz os santifique por completo* (1 Tesalonicenses 5:23). Se vuelve al Señor solicitando su intervención pacificadora.[313] Esto no anula en absoluto la responsabilidad humana, ni neutraliza las instrucciones que acaba de dar (3:6-15). Los tesalonicenses deben asumir sus obligaciones morales y eclesiales, pero, sin la ayuda de Dios, sus esfuerzos serán tan inútiles como si se tratara de calmar los espíritus en una reunión de vecinos o una convención política.

Hablar de Dios como un "Dios de paz" es uno de los temas preferidos del apóstol,[314] pero no suele hablar del "*Señor* de la paz". Si lo hace aquí, quizás se deba a que quiere enfatizar el papel del Hijo

---

312   *Cf.* Green, pág. 365: *La "paz" significaba… la ausencia de discordia y conflictos entre los ciudadanos… Tomando en cuenta el conflicto que los creyentes enfrentaban… esta petición se debe entender como una oración al Señor a que él ponga fin a la situación conflictiva.*

313   *Cf.* Morris (1), pág. 171: *El autor pasa ahora a recordar a sus lectores que lo que él ha estado prescribiendo no es algo que se alcance mediante la mera capacidad humana.*

314   Acabamos de verlo en la primera carta, 5:23. *Cf.* Romanos 15:33; 16:20; 2 Corintios 13:11; Filipenses 4:9.

en hacer posible nuestra paz. Cristo es el "príncipe de paz" (Isaías 9:6) que ha hecho posible en primer lugar nuestra paz con Dios (Romanos 5:1) y, como extensión, aquella paz interior que sobrepuja todo entendimiento y permanece para siempre (Filipenses 4:7),[315] y nuestra relación armoniosa como hermanos: *Porque él es nuestra paz, el que, habiendo derribado la pared intermedia de separación, la enemistad, de ambos hizo uno, aboliendo en su carne la ley de los mandamientos expresados en preceptos, para crear en sí mismo, de los dos, un solo nuevo hombre, haciendo la paz, y reconciliar con Dios a ambos en un solo cuerpo por medio de la cruz, matando en ella la enemistad* (Efesios 2:14-16). Todo el propósito divino de la encarnación era que Jesús hiciera la paz mediante su cruz y así restaurara el orden y la armonía de Dios (Efesios 1:10). Si, en la sección final de su carta, el apóstol está pensando en el buen orden de la iglesia, es lógico que luego contemple a aquel que lo ha hecho posible.

Implícitamente, pues, esta frase establece una relación directa entre la situación conflictiva de los tesalonicenses y la obra reconciliadora de la cruz. Si los creyentes no intervienen enérgicamente tomando medidas para corregir a los desordenados, estarán contribuyendo a que la situación divisiva vaya a más y a deshacer aquella paz que Jesús hizo posible al precio de su sangre. Nuestra frase, por tanto, subraya la seriedad de lo que está en juego en la iglesia.

Pero, sobre todo, subraya positivamente el papel de Cristo en nuestra experiencia de la paz. Él es "el mismo Señor de la paz", el único que tiene los medios para lograrla y la autoridad para imponerla. Puede dar la paz o puede quitarla. La que él nos da no es la que el mundo da (Juan 14:27). En el ámbito personal, es posible conocer su paz aun en medio de las situaciones conflictivas de la iglesia, por cuanto su Espíritu mora en el creyente y uno de los frutos de su

---

315 La palabra "siempre" comunica la idea de la permanencia de la paz, mientras que la frase "en toda manera" sugiere su universalidad. El don de la paz de Dios persiste en medio de toda la variedad de circunstancias.

presencia es la paz (Gálatas 5:22).[316] En cuanto a la paz de la iglesia en su conjunto, pasa por el verdadero compromiso de cada uno de sus miembros con el Señor. Los que viven en desobediencia a sus mandamientos no solo se excluyen a sí mismos del ámbito de la paz, sino que siembran discordia en toda la congregación.

Quizás sea por eso por lo que Pablo añade: *El Señor sea con todos vosotros*.[317] En la medida en que estemos cerca del Señor, conoceremos personalmente su paz y además tendremos su mente y nos preocuparemos por la armonía de la asamblea, *esforzándonos por guardar la unidad del Espíritu en el vínculo de la paz* (Efesios 4:3). Es imposible mantener una comunión estrecha con el Señor y, a la vez, sostener actitudes que hagan daño a su cuerpo.

Ahora bien, en cierto sentido, el Señor siempre está con nosotros. Él es omnipresente. Nunca podemos alejarnos de su presencia (Salmo 139:7-12). Pero, en otro sentido, nuestra conciencia subjetiva de su presencia fluctúa y, cuando seguimos nuestros impulsos carnales, fácilmente nos alejamos espiritualmente de él. Solicitar la cercanía del Señor es casi un reto a nosotros mismos a mantenernos cerca de él, a abrir nuestros ojos para ver las realidades espirituales y a actuar conscientes de su presencia a nuestro lado. Si vivimos así, difícilmente mostraremos actitudes en la iglesia que lesionen la unidad y la comunión. Los que causan problemas son los que no caminan con el Señor.

Pero notemos bien el doble énfasis de Pablo sobre "*todos* vosotros", aquí y en el versículo 18. Es como si Pablo quisiera incluir expresamente a los desordenados en su oración. Su deseo no es solamente que los miembros fieles de la congregación conozcan la paz de Dios, sino también los conflictivos.

---

316   *Cf.* Cevallos, pág. 154: *La única manera de tener paz es que dejemos que el Espíritu Santo tome el control de nuestra vida. Así disfrutaremos del don gratuito de la paz. No hay otro camino.*

317   *Cf.* Morris (1), pág. 172: *La paz que disfruta el cristiano no es algo que tiene existencia por sí mismo, sino que es posible únicamente debido a la presencia del Señor.*

La firma de Pablo (3:17)

El saludo es de mi mano, de Pablo, que es señal en toda epístola. Así escribo.

El diablo siempre está a mano para perturbar la paz de Dios y crear tensiones y confusiones allí donde debía reinar la armonía. No solo había miembros de la propia iglesia que vivían desordenadamente, sino que algunos predicadores estaban infiltrándose en las congregaciones afirmando que proclamaban el mismo mensaje que Pablo, cuando en realidad predicaban sus propias ideas. Incluso llegaban a falsificar su firma en cartas escritas por ellos sin la aprobación del apóstol. Por tanto, Pablo se veía en la necesidad de añadir una firma (o señal distintiva) de su propio puño y letra para autenticar su correspondencia.[318] Sabemos que no solía escribir sus propias epístolas, sino dictarlas a algún amanuense. Por ejemplo, en Romanos 16:25, el escribano Tercio añade sus propios saludos a los hermanos (*cf.* 1 Pedro 5:12).

En aquel entonces y hasta fechas recientes, mucha gente sabía leer bien sin saber escribir con la misma facilidad. Sencillamente porque los materiales para la escritura eran caros, muchos no tenían ocasión de escribir y era normal dictar a un amanuense lo que querían comunicar (a veces, incluso dejando en sus manos los detalles de la redacción: gramática, estilo literario…) y luego añadir su firma al final después de que se les leyera todo lo escrito. Incluso un hombre con la educación del apóstol habría encontrado cierta dificultad en el acto físico de escribir sus propias cartas. Por eso, dice a los gálatas: *¡Mirad con cuán grandes letras os escribí con mi mano!* (Gálatas 6:11). Como los niños que están aprendiendo a escribir, él tiene que usar letras grandes y torpes en comparación con la escritura fina y uniforme del amanuense.

---

318   Hasta aquí, Pablo ha incluido a Silvano y Timoteo como coautores de la carta. Ahora, sin embargo, habla en primera persona del singular. *Cf.* Green, págs. 365-366: *Aunque Silvano y Timoteo contribuyeron a la redacción de esta carta, Pablo era el autor principal y, por lo tanto, agregaba este saludo final.*

Ahora bien, si no escribes con tu propia letra, ¿cómo pueden saber los destinatarios si la carta procede realmente de ti? Las cartas de una determinada persona llegaban siempre con una letra diferente y quizás con un estilo distinto, según quién era el escribano, lo cual facilitaba la labor de los falsificadores. Es posible que algún miembro de la iglesia de Tesalónica hubiera traído a la congregación una carta asegurando que era de Pablo, cuando no era así (*cf.* 2:2). O, al contrario, los desordenados podrían haber rehusado creer que la primera epístola fuera verdaderamente de Pablo.

Por todo ello, el apóstol ha desarrollado un sistema para garantizar la autenticidad de sus propias cartas. Siempre incluye unas palabras finales escritas por su propia mano y con su firma o signo. Esta es la manera de que los tesalonicenses puedan reconocer en lo sucesivo cuáles son sus cartas genuinas y cuáles son falsificaciones. Sin duda, por ello dice en 1 Corintios 16:21: *La salutación va de mi propia mano: Pablo*; o en Colosenses 4:18: *La salutación de mi propia mano, de Pablo*; o en Filemón 19: *Yo Pablo lo escribo de mi mano*.[319]

La gracia de Jesús (3:18)

La gracia de nuestro Señor Jesucristo sea con todos vosotros.

La carta llega a su conclusión con la habitual bendición. Notemos de nuevo el "todos" (en contraste con la primera carta, 5:28, donde no aparece), indicio del amor del apóstol hacia los miembros "difíciles" y su preocupación por su bienestar espiritual. No excluye a nadie de su bendición; no considera a nadie como enemigo, sino que trata a todos como hermanos (3:15).

El hecho de que una despedida similar aparezca en casi todas las epístolas paulinas no debe llevarnos a la conclusión de que era una

---

319 Por eso mismo, es un asunto muy grave atribuir a otros autores muchas de las epístolas de Pablo. Los supuestos escritores pseudepigráficos no solo serían culpables de falsificar la firma, sino de hacerlo en contra de la expresa enseñanza del apóstol.

mera costumbre convencional. Son palabras altamente significativas para el apóstol. Aparte de la gracia del Señor Jesucristo, los creyentes no somos nada. Pablo mismo sabía que solamente por la gracia del Señor él era lo que era y que, si no fuera por ella, él habría seguido en su celo destructivo contra la iglesia (1 Corintios 15:9-10). Por eso simpatiza con los desordenados. Están actuando en detrimento de la iglesia a causa de un celo mal enfocado. Ha tenido que exigir que los hermanos tomen fuertes medidas contra ellos para impedir que causen más daño. Pero sabe que la misma gracia que abrió sus propios ojos cuando era perseguidor de los creyentes es poderosa para hacer lo mismo en el caso de ellos.[320]

Estas palabras tampoco deben ser meramente convencionales en nuestros labios. Sirven frecuentemente para concluir nuestros cultos, y el solo hecho de su repetición puede vaciarlas de significado. Pero el profundo deseo que debe movernos en nuestras oraciones a favor de nuestros hermanos es que ellos conozcan continuamente en sus vidas la gracia del Señor Jesús el Mesías.

La palabra "Amén", que aparece en este lugar en algunas versiones, no se encuentra en los mejores manuscritos. Pero, con todo, cuando esta bendición es pronunciada sobre nuestros hermanos, debe surgir en nuestro corazón un gran "amén", ¡y eso referido a *todos* ellos!

---

320   *Cf.* Morris (1), pág. 173: *Ya hemos hecho notar la ternura de Pablo hacia aquellos que andaban fuera de orden. Hasta el mismo cierre de la carta, mantiene esta característica.*

Bibliografía

Biblias

BJ: *Biblia de Jerusalén*. 1975. Desclée de Brouwer, Bilbao.

BP: *Biblia del Peregrino*.1996. Ediciones Mensajero, Bilbao.

BTX4: *Biblia Textual*, cuarta edición. 2007. Sociedad Bíblica Iberoamericana.

CI: *Sagrada Biblia*, versión crítica por Francisco Cantera Burgos y Manuel Iglesias González. 1979. Biblioteca de Autores Cristianos, Madrid.

DHH: *Dios habla hoy*, versión popular del Nuevo Testamento. Sociedades Bíblicas Unidas.

LACUEVA: *Nuevo Testamento interlineal griego-español*. Traducción por Francisco Lacueva. 1984. Editorial CLIE, Terrassa.

LBLA: *La Biblia de las Américas*. 1986. The Lockman Foundation, Anaheim, California.

NVI: *Nueva Versión Internacional del Nuevo Testamento*. 1975. Sociedades Bíblicas Unidas.

RV60: *La Santa Biblia, versión de Casiodoro de Reina y Cipriano de Valera, revisión de 1960*. Sociedades Bíblicas Unidas.

RV95: *La Santa Biblia, versión de Casiodoro de Reina y Cipriano de Valera, revisión de 1995*. Sociedades Bíblicas Unidas.

RVA: *Santa Biblia, versión Reina-Valera actualizada*. 1989. Editorial Mundo Hispano, El Paso, Texas.

Libros de consulta

ISBE: *The International Standard Bible Encyclopedia*. Volumen 3, 1986; volumen 4, 1988. Wm. B. Eerdmans Publishing Company, Grand Rapids, Michigan.

NDB: *Nuevo Diccionario Bíblico*. 1991. Ediciones Certeza, Barcelona.

Comentarios y otros libros

Arnold E. AIRHART: *1 y 2 Tesalonicenses,* en el volumen IX del *Comentario Bíblico Beacon.* 1992. Casa Nazarena de Publicaciones, Kansas City, Missouri.

William BARCLAY: *Filipenses, Colosenses, 1 y 2 Tesalonicenses,* volumen 11 del *Comentario al Nuevo Testamento.* Edición de 1999 (publicada originalmente en 1970). Editorial CLIE, Terrassa (Barcelona).

E. J. BICKNELL: *Commentary on I and II Thessalonians,* en *The Westminster Commentaries.* 1932. Londres.

Günther BORNKAMM: *Pablo de Tarso.* 1991 (la edición original es de 1969). Ediciones Sígueme, Salamanca.

F. F. BRUCE: (1) *1 and 2 Thessalonians,* en *The New Bible Commentary Revised.* 1970. Inter-Varsity Press, Londres; (2) *Las Epístolas a los Tesalonicenses,* artículo en NDB; (3) *Paul the Apostle,* artículo en ISBE, volumen 3.

Robert C. CAMPBELL: *Silas,* artículo en ISBE, volumen 4.

CENT: *Comentario Expositivo del Nuevo Testamento,* por David F. Burt. Varios volúmenes. Andamio Editorial, Barcelona.

Juan Carlos CEVALLOS: *Tesalonicenses: El Señor viene.* 1990. Casa Bautista de Publicaciones, El Paso, Texas.

W. J. CONYBEARE y J. S. HOWSON: *The Life and Epistles of St. Paul.* 1911. Longmans, Green and Co., Londres.

Peter E. COUSINS: *The First Letter to the Thessalonians,* en *A New Testament Commentary.* 1969. Zondervan Publishing House, Grand Rapids, Michigan.

James DENNEY: *Commentary on I and II Thessalonians,* en *The Expositor's Bible.* 1892. Londres.

E. E. ELLIS: *Pablo,* artículo en NDB.

Carlos R. ERDMAN: *La Primera y la Segunda Epístolas a los Tesalonicenses.* Edición de 1994 (la edición original es de 1935). T. E. L. L., Jenison, Michigan.

David EWERT: *1 and 2 Thessalonians,* en *The Marshall Pickering Commentary on the NIV.* 1989. Marshall Pickering, Londres.

Harold L. FICKETT: *Keep on Keeping on, a Bible Commentary on 1 and 2 Thessalonians*. 1977. Regal Books, Glendale, California.

George G. FINDLAY: *The Epistles of Paul the Apostle to the Thessalonians*, en *The Cambridge Greek Testament*. 1904. Cambridge University Press.

J. E. FRAME: *Commentary on I and II Thessalonians*, en *The International Critical Commentary*. 1912. Edimburgo.

Eugenio GREEN: *1 y 2 Tesalonicenses*. 2000. Editorial Portavoz, Grand Rapids, Michigan.

Donald GUTHRIE: (1) *New Testament Introduction*. 1970. Tyndale Press, Londres; (2) *Timoteo*, artículo en NBD.

Gerald F. HAWTHORNE: *Timothy*, artículo en ISBE, volumen 4.

Guillermo HENDRIKSEN: *1 y 2 Tesalonicenses*. 1980 (la edición original es de 1957). Subcomisión de Literatura Cristiana de la Iglesia Cristiana Reformada, Grand Rapids, Michigan.

C. F. HOGG y W. E. VINE: (1) *The Epistles of Paul the Apostle to the Thessalonians*. 1914. Pickering and Inglis, Glasgow.

H. A. IRONSIDE: *Estudios sobre Primera y Segunda Tesalonicenses*. 1988. CLIE, Terrassa.

David JACKMAN: *La Iglesia Auténtica, Epístolas a los Tesalonicenses*. 2001. Andamio Editorial, Barcelona.

Robert JAMIESON, A. R. FAUSSET y David BROWN: *Comentario exegético y explicativo de la Biblia*, tomo II, *Nuevo Testamento*. 1959. Casa Bautista de Publicaciones, Barcelona.

E. A. JUDGE: *Tesalónica, Tracia*, artículos en NDB.

LACUEVA-HENRY: *Comentario exegético-devocional a toda la Biblia por Matthew Henry, traducido y adaptado al castellano por Francisco Lacueva*. Volumen 5, *2 Corintios a Hebreos*. 1989. Editorial CLIE, Terrassa (Barcelona).

Juan LEAL S. I.: *Cartas a los Tesalonicenses*, en *La Sagrada Escritura, texto y comentario por profesores de la Compañía de Jesús*, volumen II del Nuevo Testamento. 1965. Biblioteca de Autores Cristianos, Madrid.

R. C. H. LENSKI: *The Interpretation of St. Paul's Epistles to the Colossians, to the Thessalonians, to Timothy, to Titus, and to Philemon.* 1937. Columbus, Ohio.

J. B. LIGHTFOOT: *Notes on Epistles of St. Paul.* 1895 y 1904. Macmillan, Londres.

William MacDONALD: *Comentario al Nuevo Testamento.* 1995. Editorial CLIE, Terrassa (Barcelona).

Donald H. MADVIG: *Thessalonica,* artículo en ISBE, volumen 4.

Henry T. MAHAN: *1 y 2 Tesalonicenses,* volumen 4 del *Comentario Breve a las Epístolas.* 1988. Editorial Peregrino, Alcázar de San Juan (Ciudad Real).

I. H. MARSHALL: *1 and 2 Thessalonians.* 1983. Eerdmans, Grand Rapids, Michigan.

J. Vernon McGEE: *First and Second Thessalonians.* Edición de 1991 (la edición original es de 1975). Thomas Nelson, Nashville.

George MILLIGAN: *St. Paul's Epistles to the Thessalonians.* 1908. Edición de 1952: Wm. B. Eerdmans Publishing Company, Grand Rapids, Michigan.

Leon MORRIS: (1) *Las Cartas a los Tesalonicenses.* 1976 (la versión original inglesa data de 1957). Ediciones Certeza, Buenos Aires; (2) *The First and Second Epistles to the Thessalonians.* The New International Commentary on the New Testament. 1959. Wm. B. Eerdmans Publishing, Grand Rapids, Michigan.

William NEIL: *1 and 2 Thessalonians,* en *Moffatt New Testament Commentaries.* 1950. Hodder and Stoughton, Londres.

R. E. NIXON: *Silas,* artículo en NDB.

Emilio A. NÚÑEZ: *Constantes en la esperanza.* 1976. Seminario Teológico Centroamericano, Guatemala.

Samuel PÉREZ MILLOS: *Curso de exégesis bíblica y bosquejos para predicadores.* Volumen 18: *1 Tesalonicenses.* 1995. Editorial CLIE, Terrassa.

Pedro PUIGVERT: *1 y 2 Tesalonicenses,* en *Mi encuentro diario con Dios,* julio-diciembre de 1999. Unión Bíblica, Esplugues de Llogregat (Barcelona).

W. M. RAMSAY: *St. Paul the Traveller and the Roman Citizen*. 1895. Hodder and Stoughton, Londres.

Charles C. RYRIE: *Primera y Segunda Tesalonicenses*. Edición de 1994 (la edición original es de 1959). Editorial Portavoz, Grand Rapids, Michigan.

Miguel SALVADOR: *Cartas a los Tesalonicenses*, volumen 6 de *El mensaje del Nuevo Testamento*. 1989. Ediciones Sígueme (y otras editoriales), Salamanca.

Karl STAAB: *Cartas a los Tesalonicenses*, en *Comentario de Ratisbona al Nuevo Testamento*, volumen VII. 1974. Editorial Herder, Barcelona.

W. A. STEVENS: *Epístolas a los Tesalonicenses, en Comentario Expositivo sobre el Nuevo Testamento*. 1973. Casa Bautista de Publicaciones, Barcelona.

John STOTT: *The Gospel and the End of Time: The Message of 1 and 2 Thessalonians*. 1991. Inter-Varsity Press, Downers Grove, Illinois.

Merrill C. TENNEY: *First Epistle to the Thessalonians*, artículo en ISBE, volumen 4.

Ernesto TRENCHARD: *Primera y Segunda Tesalonicenses*. 1979. Editorial Literatura Bíblica, Madrid.

Jeffrey A. D. WEIMA: *1-2 Thessalonians en Commentary on the New Testament Use of the Old Testament*. 2007. Apollos, Inter-Varsity Press, Nottingham.

Warren W. WIERSBE: *Usted puede estar preparado: Estudio expositivo de las Epístolas a los Tesalonicenses*. 1984. Editorial Bautista Independiente, Sebring, Florida.

Otros volúmenes de la serie

Hebreos
Hebreos 1:1-4:13
David F. Burt

COMENTARIO
NUEVO TESTAMENTO
ANDAMIO

Hebreos
Hebreos 4:14-10:39
David F. Burt

COMENTARIO
NUEVO TESTAMENTO
ANDAMIO

Hebreos
Hebreos 11:1-13:25
David F. Burt

COMENTARIO
NUEVO TESTAMENTO
ANDAMIO

Efesios
Efesios 1:1-3:21
David F. Burt

COMENTARIO
NUEVO TESTAMENTO
ANDAMIO

Efesios
Efesios 4:1-6:24
David F. Burt

COMENTARIO
NUEVO TESTAMENTO
ANDAMIO

Juan
Timoteo Glasscock

COMENTARIO
NUEVO TESTAMENTO
ANDAMIO

Colosenses
David F. Burt

COMENTARIO
NUEVO TESTAMENTO
ANDAMIO

Santiago
David F. Burt

COMENTARIO
NUEVO TESTAMENTO
ANDAMIO

Tito y Filemón
David F. Burt

COMENTARIO
NUEVO TESTAMENTO
ANDAMIO

Otros volúmenes de la serie

Mateo

Mateo 1-5

David F. Burt

COMENTARIO
NUEVO TESTAMENTO
ANDAMIO

Mateo

Mateo 6-10

David F. Burt

COMENTARIO
NUEVO TESTAMENTO
ANDAMIO

Mateo

Mateo 11-16

David F. Burt

COMENTARIO
NUEVO TESTAMENTO
ANDAMIO

Mateo

Mateo 16-22

David F. Burt

COMENTARIO
NUEVO TESTAMENTO
ANDAMIO

Mateo

Mateo 23-28

David F. Burt

COMENTARIO
NUEVO TESTAMENTO
ANDAMIO

Gálatas

Esteban Rodemann

COMENTARIO
NUEVO TESTAMENTO
ANDAMIO

Filipenses

David F. Burt

COMENTARIO
NUEVO TESTAMENTO
ANDAMIO

1 Pedro

David F. Burt

COMENTARIO
NUEVO TESTAMENTO
ANDAMIO

2 Pedro y Judas

David F. Burt

COMENTARIO
NUEVO TESTAMENTO
ANDAMIO

Otros volúmenes de la serie

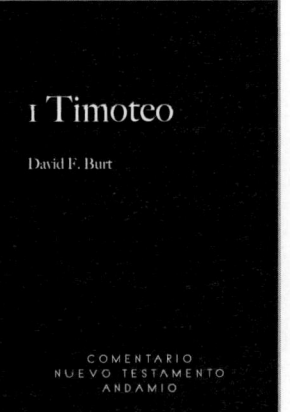

1 Timoteo

David F. Burt

COMENTARIO
NUEVO TESTAMENTO
ANDAMIO

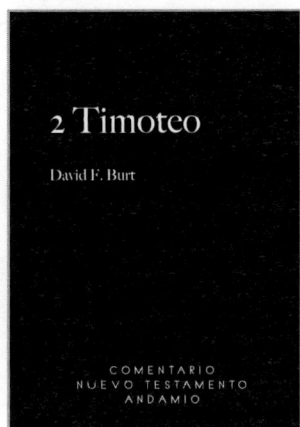

2 Timoteo

David F. Burt

COMENTARIO
NUEVO TESTAMENTO
ANDAMIO

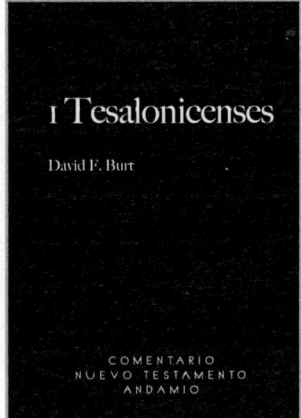

1 Tesalonicenses

David F. Burt

COMENTARIO
NUEVO TESTAMENTO
ANDAMIO

andamio

Libros para tu vida

@andamioeditorial   @andamio_edita

La **misión** de Andamio es publicar y difundir literatura que, desde una perspectiva bíblica, contribuya al desarrollo integral de la persona, la iglesia y a la transformación de la sociedad.

Somos la editorial de los **Grupos Bíblicos Unidos** (GBU) y nacimos en 1987. Los GBU iniciaron su camino en el mundo de la literatura cuando un grupo de estudiantes universitarios puso en marcha (1974) una revista muy sencilla a nivel de producción, pero muy rica en contenidos. Desde ese comienzo un tanto "inesperado", con pocos recursos pero con muchas ganas, hemos ido creciendo hasta el día de hoy.

Andamio ha sido y es el resultado del trabajo y **colaboración de muchas personas**, unido a la **ayuda de Dios** a lo largo de todo este camino.

portafolioandamio.com
andamioeditorial.com

COLOFÓN

andamio editorial

Alts Forns n° 68, sót. 1°
08038 Barcelona. España
Tel. (+34) 93 432 25 23

libros@andamioeditorial.com
www.andamioeditorial.com

Andamio es la editorial de los Grupos Bíblicos
Unidos en España, que a su vez es miembro
del movimiento estudiantil evangélico a nivel
internacional (IFES), cuya misión es hacer discípulos
y promover el testimonio de Jesús en los institutos,
universidades y centros de trabajo.

CORRECCIÓN
Miguel Llop

DISEÑO CUBIERTA E INTERIOR
Fernando Caballero

DEPÓSITO LEGAL
B. 22207-2023

ISBN
978-84-18961-99-1

IMPRESO EN ULZAMA
IMPRESO EN ESPAÑA

2 Tesalonicenses
David F. Burt, 2023

Salvo que se mencione otra versión, las citas bíblicas
corresponden a la Biblia Textual.

© ANDAMIO EDITORIAL, 2023
1ª EDICIÓN DICIEMBRE 2023

240 PÁGINAS PARA SEGUIR
DESARROLLANDO TU VIDA
CON OTRO LIBRO ANDAMIO